온라인의
우리 아이들

김아미

민음 현대 미디어

민음사

온라인의
우리 아이들

■ 오늘의 어린이 청소년에게 온라인 세상은 '가상 공간'과는 다른, 강력한 영향력을 발휘하는 현실이다. 디지털 환경에서 태어나 자기 계정과 함께 자라는 아이들은 자기 나름대로 이 세상을 이해하고 적응하고자 애쓰고 있다. 그런데 어른들은 아이들의 온라인 세상에 대해 아는 것이 놀랄 만큼 적다. 아이들의 어려움이나 고민, 의문에도 제대로 대처하지 못한다. 이 책은 생생한 현장 연구로 어린이가 살아가는 진짜 세계를 보여 주는 소중한 자료이자 새로운 지침서다. 덕분에 나는 '디지털 세대'와 소통하는 방법을 새삼 깨달았다. 바로 이해에서 출발하는 것이다.

— 김소영(『어린이라는 세계』 저자)

■ 오프라인과 온라인은 둘이되 하나다. 서로 이어지고, 맞물리고, 되감긴다. 두 공간을 넘나드는 어린이 청소년들은 스스로 세계를 헤쳐 가려는 힘과 환경이 구속하는 힘의 긴장 관계 속에서 살아간다. 이 책은 그 속의 여러 목소리와 다양한 감정에 주목한다. 그리고 함께 사는 법을 어떻게 만들 수 있을까를 반복적으로 질문한다. 질문을 멈추지 않는 넓고 깊은 저자의 눈 덕분에 어린이 청소년은 물론 우리의 삶을 바라보는 안목이 더 가지런해진다.

— 이수광(전 경기도교육연구원 원장)

온라인의
아이들

2005년 나는 미디어 연구자로서 처음 중학생들을 인터뷰하러 나섰다. 2022년 그 아이들은 30대가 되었다.

얼마 전, 2005년에 중학생이었던 30대 현수를 만나 미디어에 대한 이야기를 나누었다. 버디버디, 싸이월드, 네이트온을 즐겨 사용하며 온라인을 자유롭게 유영하던 현수는 어느새 아이들이 트위터와 틱톡을 사용하며 느끼는 재미와 어려움을 이해하기 힘든 어른이 되었다. 현수는 '요즘 세상'이 이렇게 달라진 이유가 스마트폰의 등장 때문인 것 같다고 했다.

"가장 큰 변화는 스마트폰의 등장 아닐까요? 저희는 정해진 요금제 안에서 소통해야 했어서 핸드폰을 많이 쓰지도 못했고요, 실시간으로 계속 소통할 수 있는 세대가 아니었어요. 집에 컴퓨터 한 대, 그것도 보통 거실에 있어서 부모님이 저희가 뭐 하는지 다 아시는 환경이었죠. 지금은 스마트폰이 나왔고, 인터넷 접속이 안 되는 공간이 없으니까요.”

이렇게 각 시대의 아이들은 서로 다른 미디어 환경에서 성장한다. 같은 온라인 플랫폼이라도 개개인의 환경과 연령대에 따라 사용하는 방식이 다르고, 이 다름은 서로의 경험을 세밀하게 들여다보고 대화를 나누지 않고서는 포착할 수도 이해할 수도 없다.

어린이 청소년은 어떻게든 자란다. 온라인 세상에서 안전한 환경을 스스로 만들기 위해, 자유로움과 즐거움을 위해 미지의 공간에서 부딪힐 어려움에도 굴복하지 않는다. 그렇다고 해서 온라인에서 아이들을 이대로 방치해서는 안 된다. 아이들이 처음 사회로 나갈 때 어른들이 꼭 하는 말이 있다.

“친구들과 사이좋게 지내. 차 조심하고. 길을 건널 땐 신호등을 보고 꼭 초록불에 건너야 해.”

그렇다면 아이들이 온라인 세상을 처음 경험하게 될 때 어른들은 어떤 말을 해야 할까?

온라인 환경에서
태어나고 성장하는 세대

온라인 세상은 옳고 그름의 잣대가 분명한 곳이 아니다. 신호등이 제대로 구동하지 않는 곳에서 오늘날 어린이 청소년은 태어나고 성장한다. 어린이가 스스로 온라인에 자신의 계정을 만들고 활동하기 훨씬 전부터 부모나 보호자들은 아이의 성장 과정을 담은 게시물들을 온라인에 공유한다. 온라인에 계정을 만들고 활동을 시작한 후부터 아이들은 스스로 디지털 존재감을 형성한다.[1]

온라인에 막 발을 들인 아이들이 마주하게 되는 현실은 무지갯빛 동화 속 세상이 아니다. 온라인 괴롭힘, 악플, 서로 다른 주장을 하며 편을 가르고 갈등이 극대화되는 게시물 등 폭력으로 얼룩진 세상에 아이들은 붙잡을 손 하나 없이 걸음을 내딛는다. 아무것도 보이지 않는 캄캄한 어둠을 걷다

---

1 Tama Leaver, "Born Digital? Presence, Privacy, and Intimate Surveillance," John Hartley & W. Qu (eds.) *Re-Orientation: Translingual Transcultural Transmedia. Studies in narrative, language, identity, and knowledge*(Fudan University Press, 2015), pp.149~160.

보면 함께 불을 밝혀 주는 친구들을 만나게 되고, 조금씩 안전한 즐거움을 누리는 방법을 찾아간다.

　내가 연구자로서 아이들을 만나 온라인 경험에 대해 묻고 들여다보기 시작한 것은 박사학위 논문을 쓰기 시작한 2005년부터이다. 2000년대 초중반에는 '(인터)넷 세대'[2], '디지털 네이티브'[3] 같은 용어에 주목했다. 디지털 환경에서 태어나 자라는 세대는 대중매체를 향유하며 청소년기를 보낸

2　돈 탭스콧은 1997년을 기점으로 20세 이하를 '넷 세대'라고 명명하며, 이들을 텔레비전 등 대중매체와 함께 성장한 부모 세대와 차별화하여 설명한다. 탭스콧은 '넷 세대'가 기성세대보다 테크놀로지에 대해 더 익숙하고 지식이 많은 첫 세대이며, 인터넷을 이용하면서 자기 주도적이고 다양성을 존중하는 등 새로운 특성을 지닌 세대로 성장하고 있음을 강조한다. Don Tapscott, *Growing Up Digital: The Rise of the Net Generation*(McGraw Hill, 1998).

3　마크 프랜스키는 2000년대 초반 청소년을 설명하기 위해 '디지털 네이티브'라는 용어를 만들었다. 프랜스키는 성장하면서 아날로그 미디어에 익숙해진 기성세대가 디지털 미디어를 이용할 때 아날로그적인 사고를 하는 '디지털 이민자'(외국어를 배울 때 나타나는 모국어 억양을 비유적으로 이용하여 디지털 이주민이라는 용어로 설명한다.)인 것과 달리 디지털 미디어와 함께 태어난 '디지털 네이티브'는 아날로그 미디어의 흔적 없이 디지털 미디어를 있는 그대로 받아들이고, 능숙하게 활용한다고 설명한다. Marc Prensky, *Don't bother me, Mom, I'm learning!*(Paragon house, 2006).

기성세대와 확연히 다른 능력과 삶의 양식을 지닌다는 표현이었다. 또한 성인들이 아날로그에서 디지털 환경으로 넘어온 '디지털 이민자'가 되면서 디지털 네이티브인 청소년과 권력 관계가 변화를 맞이할 것이라고 이야기하기도 했다. 지식 전달자의 역할을 하는 기성세대와 지식 전수자의 위치에 있는 청소년 사이의 권력 관계가 계속되지 않을 것이라고 말했다.

하지만 청소년을 디지털 네이티브라 명명하며 완전히 새로운 세대로 바라봤던 사회 담론은 아이러니하게도 온라인이라는 새로운 공간에서 청소년들이 겪는 고군분투를 간과하는 측면이 있다. 디지털 세대라는 카테고리로 청소년이 기성세대와 다른 존재라는 점을 지나치게 부각하면서 어린이 청소년의 세대 내 격차에 대해서는 주목하지 않는다는 문제도 있다. 나는 처한 사회적, 경제적, 문화적 맥락에 따라 어린이 청소년이 경험하는 온라인 공간과 문화 사회적 자원이 크게 다르다는 것을 연구 현장에서 자주 목격했다. 사용할 수 있는 스마트 기기의 종류와 사양에 따라, 디지털 사업과 온라인 교실이 도입된 교육 환경인지에 따라, 주변 친구들이 어떤 관심사를 가지고 있는지에 따라 아이들은 서로 다른 온라인 환경에 접속한다.

어린이 청소년은 혼자 시행착오를 거치며 또래나 온라인 지인에게 정보를 구하고 온라인 세상에서 필요한 능력을 익힌다. 아이들의 노력은 개별적으로 이루어진다. 어린이 청소년이 날 때부터 디지털 환경과 관련된 지식을 갖고 있다고 생각해서는 안 된다. 수많은 좌절과 극복으로 단단하게 쌓은 경험들에 귀를 기울이고, 아이들의 온라인 생활을 지원할 수 있는 사회의 역할이 무엇인지 고민해야 한다.

한때 아이였던 우리가
지금의 아이들과 공존하려면

2005년에 만났던 한국의 아이들에게 온라인은 자신의 정체성을 찾는 공간이자, 친구들과 깊이 있게 소통하고 새로운 사람을 사귀며 자기를 새롭게 표현하는 활발한 소통의 장이었다. 청소년들이 새롭게 접한 온라인 공간에서 또래 문화를 만들어 가는 모습이 지금도 기억에 남는다. 세대 배타적인 영역의 경계를 짓는 여러 가지 방법이 있었다. 그때 가장 널리 사용했던 버디버디 메신저나 싸이월드에서 아이들은 아이콘, 스킨, 이모티콘으로 자신의 '방'을 꾸몄고, 온라인 공간에서 사용하는 언어나 암묵적 코드로 또래 문화를 만들었다.

기성세대와는 다른 디지털 이용능력을 지닌 디지털 네이티브라는 대중 담론도 청소년의 주도적이고 세대 배타적인 미디어 이용을 돕는 요소였다. 이런 환경에서 청소년은 자신들이 꾸린 또래 중심의 공간에 어디까지 들어올 수 있는지 협상하고 결정했다. 2005년 연구를 통해 만난 아이들을 생각하면 기술에 대한 적극적 상상력, 온라인에서 구축한 또래 공간 안에서 안전하게 소통할 수 있다는 자신감이 선명하게 떠오른다.

2010년대 후반, 전업 연구자로 자리를 잡은 후 나는 다시 어린이 청소년들을 만나 온라인 세상에 대한 이야기를 나누었다.

2010년대 후반에 연구한 초등학생 어린이들의 유튜브에 대한 인식과 경험은 최근의 변화를 잘 보여 준다.[4] 어린이들은 유튜브를 초등학교에 입학하기 전 부모의 소개로 이미 접해 왔던 친숙하고 진입 장벽이 낮은 플랫폼이자 미디어로 여겼다. 또

---

4   김아미, 「어린이의 유튜브 경험」, 《한편》 2호 '인플루언서'(민음사, 2020).

한 영상을 보는 것만이 아니라 직접 영상을 찍어 올려 자신을 표현하기도 하고, 같은 반 친구들이 올린 영상에 서로 댓글을 달거나 '좋아요'를 누르는 것은 자연스러운 사회생활의 일부였다. 현재 동일한 미디어를 사용하는 어른들과 비교했을 때 온라인과 오프라인의 삶이 훨씬 더 여러 겹으로 이어져 있다.

연구 인터뷰에 참여한 어린이들은 모두 유튜브 가입 연령 기준에 못 미쳤으나, 유튜브라는 미디어는 이들에게 감정이 오고가는 일상의 공간, 사회화의 장이다. 이렇게 어린이 청소년의 온라인에서의 삶이 오프라인에서의 그것만큼이나 큰 비중을 갖게 된 것이 우리의 새로운 현실이다. 그렇지만 아직 이 현실의 무게는 제대로 받아들여지고 있지 않다.

2020년대까지 만난 아이들은 성인들이 만든, 성인을 위한 온라인 공간에서 보이지 않는 구성원이었다. 그 안에서 또래들만의 네트워크를 만들기도 하지만, 대개는 성인과 섞여 온라인 세상을 경험한다. 아이들은 온라인에서 겪는 위험 상황에 대해 "그럴 수도 있다."라고 선선하게 대답했다. 이는 온라인에서 생활하기 위한 아이들의 태도지만,

온라인 환경을 바꿀 수 없다는 무력감이 깔려 있는 것은 아닐까 걱정이 되었다.

2019년 설리와 구하라 등 연예인들이 악성 댓글로 자살하는 사건들이 연이어 일어나고, n번방 사건 등 대규모 디지털 성범죄가 가시화되었다. 이 사건들로 우리는 온라인 환경에 가치 기준이 제대로 수립되어 있지 않으며, 특히 어린이 청소년을 위한 안전장치가 없다는 사실을 너무도 분명하게 알게 되었다. 법적 조치를 강화하겠다, 연예 관련 기사의 댓글 창을 없애겠다 등 다양한 대응책이 제시되었지만, 온라인 세상의 위험이 마치 일부 이용자의 일탈적 행동인 양 치부되는 상황에 나는 답답함을 느꼈다.

"나도 크면서 미디어를 많이 보고 썼는데 보통의 성인으로 자랐듯이, 어린이가 접하는 미디어에 우리가 크게 신경 쓰지 않아도 아이들은 잘 자랄 거예요."

어린이 청소년의 온라인 경험을 지원하는 방법에 대해 고민하는 나에게 이렇게 말해 주는 성인들도 있다. 그럴 것이라고 믿고 싶으면서도 마음 한편에는 지금의 성인이 청소년기를 보낼 때와는 다른 위험이 있다는 걱정이 내려앉는다. 매번 어린이 청소년을 만날 때마다 "나는 잘 자랐는데."라는 어른의 말이 얼마나 무책임한지 생각한다. 24시간 지속되는 온라인 괴롭힘, 온오프를 가로지르는 평판 관리의 어려움, 쏟아지는 정보와 게시글에 대해 즉각적으로 반응을 보여야 하는 온라인 환경은 지금 어린이 청소년들이 일상적으로 마주하는 현실이다.

온라인 '예스키즈존' 가꾸기

나는 이 책에서 어린이 청소년이 미디어 환경에서 더 안전하고 행복하게 살아갈 방법을 함께 고민하자고 제안한다. 지금의 온라인 세상은 아이들에게 친화적이지 않다. 성인을 주요 이용자로 상정하고 만들어진 소셜 미디어 플랫폼에서 아이들은 권리를 누릴 수도, 안전장치에 기댈 수도 없다. 나와 소통하던 온라인 친구가 어린이 청소년이라는 사실을 알게 되었을 때 뜨끔하지 않을 성인은 얼마나 될까?

1부에서는 아이들이 온라인이라는 일상에서 겪는 현실을 조명한다. 즐거움으로 가득할 것 같은 온라인 공간에는 폭력이 도사리고 있다. 저격글,

악플, 단폐방 언어폭력 등 아이들이 목격하거나 직접 경험하는 온라인 괴롭힘은 오프라인까지 확장되며 경계를 넘나든다. 아이들은 괴롭힘 장면을 캡처하거나 무시하거나 '자기편'을 만드는 등 다양한 자구책을 찾지만 모두 근본적인 해결책은 아니다. 기성세대가 아이들에게 안전한 온라인 환경을 마련해 주는 첫 번째 방법은 진심으로 귀 기울여 듣고 대화를 나누는 것이다.

2부에서는 위험으로 가득한 정글 같은 온라인 세상에서 아이들이 어떻게 안전한 공간을 만드는지 들여다본다. 이제 온라인 공간에는 요새가 없다. 어린이라는 이유만으로 '잼민이'라며 배척당하고, 또래 집단 속에서도 심한 갈등을 겪기 일쑤다. 관계망 안에서의 어려움만 있는 것이 아니다. 플랫폼의 이윤 창출 구조의 덫에서 온라인 환경은 '좋아요'와 구독자 수만 좇는 크리에이터들이 발행하는 가짜 뉴스, 성희롱과 금전적 협박을 일삼는 사칭 계정, 광고 수익만을 노리는 계정 매매 등으로 오염된다. 3장에서는 아이들이 온라인에서 소외되며 부유하는 장면을, 4장에서는 아이들이 서로 정서적 지지를 보낼 수 있는 네트워크를 만들며 안전감을 느끼는 과정을 살펴본다.

3부에서는 온라인 환경에서 나고 성장하는 아이들의 미래를 그려 본다. 5장과 6장에서는 아이들이 온라인에서 계정을 만들며 겪는 온라인 사회화의 과정이 펼쳐진다. 오늘날 아이들은 부모에 의해 날 때부터 온라인에서 자아가 형성된다. 갓난아이 때 사진이 온라인에 공유되며, 이런 '셰어런팅'으로 인플루언서가 되는 부모들도 있다. 아이들도 친구를 사귀기 시작하며 온라인 세상에 발을 들이고, 온라인 프로필을 만들며 자신을 보이고 숨기는 법을 터득한다. 이렇게 서로를 쉽게 복제하고 속일 수 있는 온라인 세상에서 아이들은 때로 소통을 차단하지만, 서로를 응원하며 온라인 세상에서 받은 상처를 극복하기도 한다.

모든 성장 기록이 온라인에 기록되는 첫 세대인 Z세대는 평판 관리의 굴레에 빠진다. 감상적인 순간을 남긴 글, 우습게 찍힌 사진, 숨기고 싶은 과거의 모습들이 어딘가에 떠돈다는 두려움을 안고 아이들은 온라인에서 모이고 소통하며 성장한다. 7장에서는 아이들이 온라인에서 살아가는 방식, 그리고 어른들이 어떻게 힘을 보탤 수 있는지에 대해 이야기한다.

어려움을 겪고 무력함을 느낄 수 있는 환경에

서도 아이들은 자란다. 물론 온라인 세상에 순응하거나 소극적으로 참여하며 다른 이용자들과 거리를 두는 방식으로 문제를 피하기도 한다. 이 또한 아이들이 만들어 가는 온라인 문화의 단면이다. 아이들은 악플을 쓰지 말라고 이야기하는 차원에서 나아가 악플의 고리를 끊는 실질적인 방법을 고민하고, 온라인 괴롭힘을 당하는 친구를 도와줄 어른이나 기관을 함께 찾고, 온라인 범죄의 피해자가 된 친구의 마음을 함께 돌보며 지지자가 되어 준다. '싫어요'를 받으며 몰려 있는 친구 계정에 '좋아요'를 누르는 일에서도 아이들은 용기를 내야 한다. 나는 내가 직접 듣고 겪은 어린이 청소년의 생생하고 구체적인 이야기를 아이들의 목소리를 통해 전하고 싶다.

지금은 성인이 된 예전 면담자를 만나 온라인 세상에 발을 들이는 아이들에게 어른으로서 해 주고 싶은 말이 있는지 물었다. 수지와 현수는 과거 자신의 모습을 떠올리며 이렇게 대답했다.

"아이들이 스펀지처럼 다 받아들이기 전에 한번 필터링 할 수 있게 관심을 가지고, 서로의 온라인 경험을 알아 갈 수 있게 대화를 나누는 자리를 만들 수도 있고요."

"정말 기본적인 기준 하나만 있어도 어린이나 청소년들이 알아서 온라인 세상에서 적용할 수 있다고 생각해요. 중요하게 여기는 가치 한 줄기를 굳건히 세우는 것을 돕고, 그걸 기준으로 앞으로 발생할 다양한 사건을 바라볼 수 있도록 도와줘야 하지 않을까요?"

이 책은 "지금의 어린이 청소년은 이런 특성을 가집니다. 새로운 세대의 모습을 보세요!"라고 외치는 책이 아니다. 온라인 세상을 경험해 보지 못한 어른도, 조금은 안전한 테두리 안에서 온라인 세상에 발을 들인 어른도, 이제 막 성인들과 섞여 들어 온라인 세상을 경험 중인 아이도 모두 온라인의 구성원이다. 무한한 가능성의 공간이 두려움의 공간으로 변하지 않도록 우리가 온라인 세상을 '함께' 가꾸면 좋겠다.

차례

일러두기

1   저자의 주는 각주로 표시했고 참고 문헌은 권말에 모았다.
    외래어 표기는 국립국어원의 외래어 표기법을 따랐으며 일부 관례로
    굳어진 것은 예외로 두었다.
2   단행본은 『 』로, 논문, 기사, 영화 등 개별 작품은 「 」로, 잡지 등
    연속간행물은 《 》로 표시했다.
3   이 책에 인용한 면담 내용은 2018~2019년 경기도교육연구원에서
    진행된 연구 프로젝트와 2020년 세이브더칠드런에서 진행한 연구
    프로젝트의 데이터를 기반으로 한다.
4   면담자의 이름은 저자가 임의로 바꾼 가명으로 익명 처리했다.

1부 **온라인이라는
일상**

1장

온라인 괴롭힘의 현실

2020년 가을, 혜린이는 페이스북 단체 채팅방에서 또래에게 지속적인 언어폭력을 당했다. 중학교 3학년이던 2019년 11월 성폭행을 당했고, 고등학교 진학 후 페이스북 단체 채팅방에서 가해 학생들이 혜린이의 피해 사실을 공개했다. 단체 채팅방에서도 혜린이를 지속적으로 괴롭히던 아이들은 혜린이가 전학을 가려고 하자 다른 지역에 사는 친구에게 연락해 괴롭힘에 동조할 것을 종용했다. 결국 온라인 집단 괴롭힘에서 벗어날 길을 찾지 못한 혜린이는 스스로 목숨을 끊는 극단적 선택을 내렸다.[5] 이듬해가 되어서야 비로소 주목을 받은

5 「이름·번호 바꾸며 삶에 의지 드러냈는데…… 가해자 선고 직

혜린이의 이야기는 드물게 일어나는 사건이 아니다. 온라인 세상의 아이들이 일상적으로 겪는 폭력에 대한 이야기다.

기성세대가 몰랐던
온라인 세상

온라인과 완전히 분리된 삶을 상상할 수 있을까? 어떤 기기로 온라인에 접속하든 얼마나 자주, 오래 접속하든 간에 온라인은 이미 일상의 중요한 공간이 되었다. 아이들에게 온라인은 새로운 사회화의 공간으로 자리 잡았고, 온라인 공간에서 일어나는 괴롭힘으로부터도 자유롭지 않게 되었다. 우리의 삶이 온라인과 밀접한 만큼, 온라인의 폭력은 오프라인의 폭력과 그 무게가 다르지 않다. 어린이 청소년의 미디어 경험에서 온라인 괴롭힘은 아이들의 온라인 생활 양식을 설명하는 핵심적인 주제다.

기성세대는 어린이 청소년이 온라인 세상에서 겪는 내밀한 경험들을 파악하기 힘들다. 기성세대

전 극단 선택」,《한국일보》, 2021년 2월 1일 기사를 시작으로 '혜린이 사건'이 세상에 알려졌다.

역시 아이들과 마찬가지로 온라인 세상을 경험하는 중이기 때문이다. 2005년에 만났던 한국의 어린이 청소년들, 그러니까 지금의 기성세대가 접해 온 온라인 세상은 메신저 프로그램 버디버디나 미디어 플랫폼 세이클럽, 싸이월드 등 아바타, 아이콘, 스킨 디자인과 이모티콘을 적극적으로 활용하며 또래 이용자들과 암묵적 문화 코드를 형성하는 공간이었다.[6] 세대 배타적인 공간을 꾸리며 어른들이 어디까지 개입해도 되는지 협상하고 결정할 수 있는 환경이었다.

그런데 2010년대 후반에 만난 어린이 청소년의 온라인 환경은 달랐다. 2010년대 중반 이후로는 온라인에서 폐쇄적으로 운영되는 공간이었던 블로그나 홈페이지보다 다수의 이용자가 정보를 공유

---

6   미국에서 1990년대 후반~2000년대 초반에 성인이 된 인터넷 사용자 1세대들은 인터넷은 사회적 상호작용에 관한 기존 규칙들이 적용되지 않아도 되는 공간이라고 여겼고, 인터넷의 언어가 사회적으로 통용되지 않는다고 해도 개의치 않았다. 오히려 그 말을 못 알아듣는 사람들을 배제할 수 있는 것에 즐거움을 느꼈다. 세계적 공동체보다는 지역 공동체 안에서의 우정을 지향했으며, 새로운 언어로 평소의 생활을 유지했다. 2000년대 초중반의 한국 청소년들 역시 이와 유사하게 온라인 문화를 향유했다. 그레천 매컬러, 강동혁 옮김, 『인터넷 때문에』(어크로스, 2022), 120~126쪽.

하는 플랫폼이나 커뮤니티가 활성화되었다. 아이들은 성인들이 만들어 놓은 온라인 공간에 적응해 융화되거나 때때로 소외당하는 경험을 해야만 했다. 아이들은 자신들만의 놀이 공간을 만들 수 없고, 어른들과 자유롭게 대화를 나눌 수도 없다.

그렇다고 해서 아이들이 어른들에게 언제든 도움을 요청할 수 있는 상황도 아니다. 첫째로, 아이들은 온라인 괴롭힘의 가해자나 피해자가 되었다는 사실을 알리면 부모님이나 선생님을 실망시킬까 두려워한다. 미디어 사용 자체를 좋지 않게 바라보는 어른들이 내세우는 보호주의적 태도에 짓눌려 '나쁜 짓'을 했다고 혼날까 봐 숨기기 급급한 아이들이 많다. 실제로 이를 악용하여 "네 부모에게 알리겠다."라는 말로 상대를 협박하는 아이들도 많다.[7]

아이들이 겪는 어려움은 온라인 세상만 차단하면 사라지는 것이 아니다. 예전 아이들이 학교나 놀이터에 모여 놀았듯 지금의 아이들은 온라인에서 모이고, 예전에 비밀 일기장이나 암호로 가득한

---

7   김아미, 「미디어 속에서 어린이의 권리 지키기」, 『아이를 학대하는 사회, 존중하는 사회』(2022, 민들레), 102~109쪽.

편지를 교환했듯 요즘 아이들은 인터넷에서 자기들끼리 사용하는 언어를 만든다. 아이들이 또래 문화를 만드는 공간이 오프라인에서 온라인으로 옮겨 갔을 뿐이므로, 인터넷을 차단하면 된다는 부모의 극단적 처방은 아무런 도움이 되지 않는다.[8]

둘째로, 어른들도 잘 모른다. 대체로 지식의 영역은 교육자가 선행적으로 익히고 경험하며 전문가의 입장에서 학습자에게 전수해 세대에서 세대로 지식과 공적 경험이 이어져 왔다. 그러나 이제는 미디어와 기술 진보 속도가 너무도 빨라 기성세대가 아이들의 문화를 따라가는 것조차 버거운 시대가 되었다. 이제 어른들은 아이들의 이야기를 듣지 않으면 온라인 세상에서 아이들이 만든 문화와 그 안에서 겪는 어려움을 짐작하기 힘들다.[9]

기성세대는 자신이 어린이 청소년일 때의 상황과 지금 어린이 청소년이 경험하는 환경은 여러모로 다르다는 것부터 이해하고 인정해야 한다. 컴퓨터가 몇 대 없는 사무실에서 일하며 핸드폰의 발

---

8   그레천 매컬러, 앞의 책, 54쪽.

9   김아미, 「미디어와 어린이·청소년 학습자, 교육은 무엇을 고민해야 하는가?」, 《오늘의 교육》 62호(교육공동체벗, 2021), 110~111쪽.

명을 지켜본 세대와 스마트폰 이전의 핸드폰을 사용하며 자란 세대, '디지털 네이티브'라고도 불리는 요즘 세대의 온라인 세상에 대한 감각은 다를 수밖에 없다.

피해자의 무력감과
가해자의 권력감

아이들과 미디어 경험에 대한 이야기를 나누다 보면 대화 주제가 아니었음에도 어떤 방식으로든 온라인 괴롭힘이 언급된다. 친구와 게임을 하다가 채팅창에서 농담 삼아 가족이나 친지를 모욕하는 '패드립'을 듣는 경우는 다반사다.[10] 유튜브 라이브 방송을 처음 시작했던 어린이는 댓글로 "어린 게 뭐하냐?"라는 악플을 받은 경험을 말해 주기도 했다.

물론 아이들은 피해자로만 존재하지 않는다. 온라인 괴롭힘의 다양한 장면에서 청소년은 괴롭힘 상황을 악화시키는 공모자가 되기도 하고, 피해자가 다음 순간에는 가해자가 되어 다른 사람을 괴

---

10 이를 방지하기 위해 특정 단어를 입력하지 못하도록 조치하는데, 글자 사이에 숫자를 끼워 넣는 식으로 우회할 수 있다.

롭히기도 한다. 아이들이 들려준 온라인 괴롭힘의 실제 장면들은 글로 정리된 기사나 뉴스로 접하는 것보다 훨씬 잔혹하다.

중학생 시원이는 초등학생 때 같은 학교 친구가 '저격 대상'이 되었던 일을 생생하게 기억한다. 저격글은 대개 대상이 누구인지 직접 명시하지 않은 채 이름의 초성을 언급하거나, 사건에 휘말린 당사자들에 대한 언급만 제외하고 정황만 상세히 묘사함으로써 상대를 비난하는 행위다. 이때 저격글은 보는 사람이 피해자가 누구인지 쉽게 짐작할 수 있도록 만들어진다. 시원이 역시 이름 초성만 쓰면서 상대를 비난하는 저격글을 본 적이 있다고 했다.

시원 작년에 학교에서 학교폭력 같은 문제가 일어난 적이 있어요. 그때 진짜 심한 걸 봤는데, 누가 "ㅁㅅ을 만나는 것은 자살의 지름길"이라고 쓴 거예요.

나 그 'ㅁㅅ'이 친구 이름 초성이었어요?

시원 네, 왜 그러는지……. 심지어 당사자가 보고 댓글을 썼어요. 누가 봐도 나 아니냐고. 엄청 상처 받았을 것 같아요.

시원이는 'ㅁ ㅅ'이라는 친구와 아는 사이가 아 닌데도 그 저격글을 보게 되었고, 'ㅁ ㅅ'이라는 친 구에 대한 첫인상이 그때 생겼다고 했다.

이 상황처럼 온라인에서 발생하는 괴롭힘은 다수에게 노출된다. 그리고 괴롭힘의 과정과 결과 가 온라인 공간에 기록으로 남는다. 이로 인해 피 해자는 평판 관리에 문제를 겪으면서 괴로움이 과 중된다. 게다가 피해자는 이름이 명확하게 거론되 지 않았기에 피해 상황을 설명하거나 항의하기도 곤란하다. 이 사건에서 피해자는 댓글로 가해 상황 에 항의했지만 "네 얘기가 아니다."라는 반응에 잘 잘못을 따지기도 어려운 상황에 빠지게 되었다.

저격하는 대상을 특정하지 않는 괴롭힘은 다 른 목격자들이 가해 상황에 가담할 수 있도록 '판' 을 짠다. 아이들은 댓글을 남기며 저격의 대상이 누구냐고 묻거나 "걔 그럴 줄 알았다." 등의 반응 을 남기며 온라인 괴롭힘에 가담하기도 한다. 목격 자였던 어린이 청소년들이 온라인 괴롭힘에 가담 하게 되면서 온라인 괴롭힘의 가해 주체가 되는 과 정이다.

서윤 자기랑 친하거나 조금이라도 친분이 있는 사람이 그 아이를 깔 수 있도록 유도하는 거예요.

지민 저격글도 있고, 내가 봐도 '저건 나인 것 같은데' 하는 생각이 들 정도로. (쓴 글도 있고요.)

서윤 아니면 아예 태그해서 올리는 경우도 있고.

지민 초성으로 쓰는 경우도 있고.

서윤 거기에 댓글 다는 사람들도 다 누구 말하는지 알거든요.

지민 저격글을 올린다는 거 자체가 어쨌든 자기편이 몇 명 있고, 어느 정도 호응이라고 할까…… 같이 하는 애들이 있으니까 하는 거거든요. 그렇다 보니까 사실 (피해자가) 저격됐다고 얘기하기가 힘들죠.

고등학교 1학년 예진이는 어느 날 단페방(단체 페이스북 메시지 방)에 초대받았다. 들어가 보니 가해자가 바람잡이들을 두고는 피해자 한 명에게 사과를 받아 내고 있었다. 친구가 괴롭힘당하는 상황에서 의도와 달리 목격자이자 공모자가 되고 만 경험이다.

예진 저격글 대상이 된 아이의 단페방에 초대된 적이 있었는데…… 제 친구가 잘못한 일을 말하면서 그 친구에게 모욕과 면박을 주기 위해 만들어진 방이었어요. 주변에 있는 친구들까지 다 초대해서요. 그 친구에게 "죄송합니다." 한마디를 듣기 위해서 많은 사람이 욕하고 바람잡이 역할도 하고요.

단폐방은 관리자가 있어서 그 사람이 마음대로 다른 사람들을 초대하고 내쫓기도 하는데, 괴롭힘 당하는 친구들이 "죄송합니다."라고 하면 바로 방에서 퇴출시켜서 그 방에 남아 있지 못하게 했어요. 저격글 대상이 된 친구조차 남지 못했고요.

나 사과를 하면 그때는 일이 해결되는 거예요?

예진 사과를 하는데 "죄송합니다." 한마디가 아니라 장문으로 "이러이러하니 주의하겠습니다."라고 써서 올려야 나가게 해 줬어요.

예진이가 경험했던 것처럼 처음부터 무리를 만들고 피해자를 괴롭히는 경우도 있지만, 가해 글이나 영상을 많은 사람이 볼 수 있는 공간에 올려서 익명의 사람들이 괴롭힘에 동참할 수 있도록 '판을 짜는' 경우도 많다. 이때도 마찬가지로 피해자가 누구인지 짐작할 수 있도록 태그 등을 통해 실마리를 제공한다.

피해자 한 명을 대상으로 다수의 가해자가 괴롭히는 이런 상황은 피해자를 절망의 수렁으로 밀어 넣는다. 한마디씩 말을 보태는 정도의 공모자들은 크게 죄책감을 느끼지 않는다. 괴롭힘이 일어나는 단폐방의 관리자는 괴롭힘에 가담하게 하려고 사람들을 초대했다가 목적을 달성한 후에는 곧바로 퇴장시키고, 증거를 인멸하기 위해 방을 삭제하는 등 철저하게 신고에 대비한다. 모두가 자신을 공격하고, 공격받는 장면을 많은 사람이 목격하며 사후 증거를 확보하기도 힘든 상황에서 피해자들은 달아날 방법도 대응할 방법도 생각하지 못한 채 무력해진다.

24시간 접속할 수 있다는 온라인의 특성은 괴롭힘을 특히 끔찍하게 만든다. 피해자는 공개된 장소에서 괴롭힘의 대상이 되고, 댓글이나 메시지를 통해 괴롭힘이 24시간 내내 이어지는 것뿐 아니라 그 괴롭힘당한 장면들이 캡처되어 전시, 공유되며 빠르게 퍼지기도 한다. 괴롭힘의 강도가 점점 심해지는 것이다. 특히 가해자와 피해자가 일대일 상황으로 만나기보다 한 명의 피해자를 다수의 가해자가 둘러싸는 상황이 많다. 당연히 공모자가 존재하기 쉽다. 괴롭힘은 교묘한 수법으로 이루어지기 때문에 저항하거나 반박하기 애매한 상황에 처하기도 한다.

방관자에서 가해자가 되는 경우뿐 아니라 피해자에서 가해자가 되는 경우도 종종 발생한다. 교실에서 학교폭력을 당한 트라우마로 다시는 피해 상황에 놓이기 싫어 가해에 적극적으로 가담하는 경우와 마찬가지다.[11]

아이들이 온라인 공간에서 가장 흔하게 마주치는 또 다른 폭력은 '악플'이다. 욕설, 차별과 혐오성 발언은 '악플'이라는 단어만큼이나 흔하다. 온라인 게임을 즐겨 하는 민재와 준서에게 게임을 하면서 채팅창에서 욕을 듣는 것은 비일비재한 일이다.

민재 모르는 사람한테 욕먹는 게 제일 서러워요. 주로 나를 직접 욕하는 게 아니라 부모님 욕을 하니까.

나 그건 왜 그래요?

준서 어차피 얘를 욕해 봤자 기분 안 나빠할 걸 아니까 그런 것 아닐까요?

---

11 중학생의 학교 폭력 피해와 가해 경험이 사이버불링 가해자가 되는데 영향을 미친다는 점을 연구한 논문들이 꾸준히 발표되고 있다. 김진영·이덕희, 「중학생의 학교폭력 가해경험과 피해경험이 사이버불링 가해경험과 피해경험에 미치는 영향」,《학습자중심교과교육연구》21호(2021) 참조.

민재 저도 친구들이랑 게임할 때 입으로는 욕하는 편인데, 채팅으로는 안 하려고 해요. 누가 눈앞에 있으면 그렇게 막말은 안 하는데, 눈에 안 보이니까 겁이 없어져서 막말하는 것 같아서요.

준서 솔직히 그런 분위기 있잖아요. 말로 안 하고 채팅만 치면 더 심한 욕이 나올 수 있고……. 막상 (목소리 내서) 말로 하면 (상대가) 어른 같은 목소리일 땐 함부로 대들기도 좀 그렇고요. 착한 게임을 위해서는 보이스 모드로 하는 게 맞는데 채팅이 더 편한 것 같기는 해요.

아이들이 자주 겪는 일이라고 해서 이유 없이 욕먹는 상황을 잘 견디는 것은 아니다. 학부모 강의에서 만난 한 부모는 초등학생 자녀의 유튜브 라이브 방송 경험을 들려주었다. 아이가 라이브 방송을 즐겁게 하던 중 이유 없는 욕설 댓글에 상처받았는데, 뭐라고 달래야 좋을지 모르겠다며 고민을 털어놓았다.[12] 특히 그날 이후 아이가 새로운 일을

---

12   2022년 기준 유튜브에서 아동용 콘텐츠는 제한되어 있다. 초등학생 유튜버 띠예가 음식을 먹을 때 나는 소리를 콘텐츠로 만든 ASMR 영상에 소리가 선정적이라며 악플을 단 사람들 때문에 논란이 된 적이 있었다. 이 사건으로 유튜브는 2019년 13세 미

시도하는 데 두려움을 느끼고 있다는 것이었다.

괴롭힘과 폭력은 당연히 오프라인에도 존재한다. 오프라인에서는 폭력과 괴롭힘이 잘못된 행동이라는 분명한 사회적 합의가 있다. 하지만 온라인에서 일어나는 여러 모습의 폭력과 괴롭힘이 잘못이라는 인식은 아직 매우 약하다.

온라인 괴롭힘을 당하거나 목격했을 때 누구에게 말하고 어떻게 도움을 구할 수 있는지, 어떻게 대응해야 하는지 대처 방법을 분명하게 아는 사람이 없다. 온라인 세상의 행동 지침을 알려 주는 교육도 거의 없다. 이런 사회적 분위기 속에서 피해자는 무력감을 느끼고, 가해자들은 권력감을 느낀다. 가해자가 "할 수 있으니까, 편을 들어줄 친구들이 있다고 생각하니까" 온라인 괴롭힘을 시작한다고 아이들은 지적한다.

만 어린이가 등장하는 모든 동영상의 댓글을 차단하겠다는 입장을 밝혔다.

2장

악플에 홀로
대응하는 아이들

온라인 세상에서 저격글이나 악플을 일상적으로 접하는 아이들은 어떻게 대처할까?

온라인 괴롭힘 대응 교육의 내용을 먼저 보자. 한 교육 사례에서는 가해 상황을 목격했을 때 방관자가 되지 말고, 가해를 멈추도록 괴롭힘 상황에 대해 발언하고 개입해야 한다고 말한다.[13] 온라인 괴롭힘의 피해자, 괴롭힘 장면을 목격한 친구들, 학급 선생님, 부모님의 입장에 서서 어떤 느낌이

---

13 미국의 비영리 교육단체인 커먼 센스 에듀케이션(Common Sense Education)이 개발한 디지털 시민교육 프로그램 중 7학년을 대상으로 한 교육 사례 "개입하기와 편 들어 주기: 온라인 괴롭힘에 대응하기(Upstanders and Allies: Taking Action Against Cyberbullying)"의 내용이다.

드는지, 어떻게 대응하는 것이 문제 해결에 좋을지 고민해 보고, 자신의 생각을 공유하자는 교육이다.

온라인 괴롭힘이 발생했을 때 신고를 하거나 무시하는 것 외에 구체적인 대응 방안을 떠올리기 어려운 현실을 생각하면, 이렇게 온라인 괴롭힘을 둘러싼 사람들의 입장이 되어 문제 해결 방안을 구체적으로 고민하는 것은 교육적으로 매우 유용한 대응이다. 하지만 1장에서 본 아이들이 당한 온라인 괴롭힘 사례들을 떠올려 보면, 온라인 괴롭힘의 목격자가 괴롭힘 상황을 외면하지 않고 피해자의 편을 든다는 것이 쉬운 일은 아님을 생각하게 된다.

개입하면 괴롭힘이 멈출까?

온라인 공간의 문법을 잘 아는 가해자는 주변 사람들을 동조자나 가해자가 되도록 부추기고 피해자를 고립시킨다. 이런 상황에서 수많은 비난 댓글 사이에 이를 저지하는 글을 하나 보탠다고 해서 온라인 괴롭힘이 멈출까?

온라인 괴롭힘을 목격한 아이들은 피해자에 대해 안쓰러운 마음을 가지기도 하고, 피해자가 괴롭힘을 당할 만한 일을 했을 것이라고 내심 지레짐작하기도 한다. 온라인 괴롭힘 상황이 부당하다고 느껴질 때에도 괜히 나서서 말렸다가 내가 다음 공격 대상이 되지 않을까 하는 두려움에 선뜻 개입하기 어렵다.

초등학교 6학년인 민지는 반에서 따돌림당하는 친구를 보면 그 친구를 달래 주거나 위로하고 싶어서 일부러 옆에 가서 앉거나 같이 놀자고 말을 붙인다고 이야기했다. 민지는 온라인에서 같은 상황을 마주했을 때 대처 방법도 알려 주었다. 한 아이를 괴롭히기 위해 여럿이서 그 아이의 게시물에 '화나요' 버튼을 누르거나 악플을 다는 경우 민지는 반대로 '좋아요' 버튼을 눌러 괴롭힘을 당하는 아이에게 힘을 보탠다고 했다.

겨우 '좋아요' 버튼을 누르는 것이 어떤 도움이 되겠느냐고 의문을 품을 수도 있지만, 피해 아이에게 자신을 응원하는 사람이 있다는 공개적인 표현은 큰 힘이 된다. 민지의 '좋아요'는 개인적 대응책이긴 하지만, 이렇게 괴롭힘 상황에 적극적으로 개입하는 경우 자체가 드문 현실이다. 내가 면담에서 만난 아이들은 대체로 모른 척 지나친다고 대답했다.

온라인 괴롭힘에 개입하여 피해자 편에 서는 것이 공동체 구성원의 이상적인 모습이다. 하지만 온라인 괴롭힘이라는 문제 상황의 해결을 개인의 용기에만 기댈 수는 없다. 어떤 형태든 괴롭힘을 용인하지 않는 사회적 분위기와 공감대를 형성하는 것이 앞서야 한다.[14]

아무도 지켜보지 않는 괴롭힘 상황에서 피해자는 무엇을 할 수 있을까? 우선 괴롭힘이 일어나는 온라인 공간에서 벗어나는 방법이 있다. 계정을 삭제하거나 소셜 미디어를 당분간 이용하지 않는 등 괴롭힘 상황에서 자신을 단절시킬 수 있다. 하지만 지민이와 친구들은 온라인 공간에 들어가지 않는다고 해서 갈등을 피할 수 있는 것은 아니라고 이야기한다.

나 내가 저격의 대상이라고 가정했을 때 소셜 미디어에서 탈퇴한다고 해서 그 상황이 끝나지는……

지민 ……않죠. 뒷감당이 안 될 거예요. 그 뒤의 상황을 아예 모르게 되니까. 탈퇴하면 주변 친구들한테 전화까지 하는 경우도 있고요.

14　김봉섭, 「부모 통제, 학교 관여, 교우 관계가 청소년 사이버폭력 가해 경험에 미치는 영향 연구: 사이버폭력에 대한 태도의 매개 효과」, 《한국헬스커뮤니케이션연구》 제21권 1호(2022), 121~162쪽.

아이들은 일어나는 일들을 모른 채 바보 취급당하는 것보다 괴롭더라도 상황을 파악하고 어떻게든 대처하는 것이 더 나은 대응 방법이라고 입을 모아 전했다.

자신이 당한 온라인 괴롭힘에 대해 이야기하던 중학생 서현이도 같은 말을 했다. 서현이는 친한 친구와 사소한 갈등을 겪고 있었는데, 친구가 그 상황을 암시하는 저격글을 소셜 미디어에 올렸다. 다른 아이들이 저격글에 동조하고 가담하면서 온라인 괴롭힘의 피해자가 된 일이다. 서로 얼굴을 보고 대화했다면 서운한 마음을 털어놓고 갈등을 풀 수 있었겠지만, 저격글에 다른 아이들이 말을 보태면서 서현이에게 이 일은 잊을 수 없는 상처가 되었다. 그 이후로 서현이는 언제 어디에서 자신에 대한 댓글이 달릴지, 아이들의 말이 어떻게 보태질지 모르니 계속해서 소셜 미디어를 확인한다. 그 과정에서 괴로움을 느끼지만, 모르는 것보다 알고 괴로운 것이 낫다는 대답이었다.

이런 대처를 두고 피해자가 스스로 괴롭힘에서 벗어나지 않겠다는 결정을 내렸다고 착각해서는 안 된다. 일대다의 괴롭힘 상황에서 피해자는 적극적으로 상황을 돌파하기 어렵다. 게다가 시공간의 제약이 없는 온라인 매체의 특성상 괴롭힘은 쉽게 퍼지며 일회성으로 끝나지도 않는다. 더불어 다수의 목격자에게 전시될 수 있는 디지털 환경의 특징은 피해자가 느끼는 괴롭힘의 강도를 더욱 높인다. 괴롭힘당한 경험이 기록으로 남아 무한정 확산되는 불안함까지 떠안아야 한다.[15]

저격글이나 저격영상 등을 통한 온라인 괴롭힘은 또래 사이에서만 일어나는 일이 아니다.[16] 어린이 청소년은 온라인 공간에서 갈등이 발생했을 때 상대방을 '저격'하는 어른들의 행동을 목격하고, 그런 행동 패턴에 익숙해지게 된다.

초등학생 윤우는 다른 사람의 작품을 도용해 만든 계정이 온라인에서 저격당한 일을 보았다고

---

15   현재 아동·청소년의 개인정보 보호를 위해 잊힐 권리 법제화를 위한 논의가 2024년 완성을 목표로 진행되고 있다. 보호 대상의 연령 범위를 18세까지 확대해야 한다는 주장과 더불어 데이터가 해외로 이전되는 것을 막아야 한다는 문제의식도 공유되고 있다. 2023년부터 정부는 아동 청소년 당사자가 올린 온라인 게시물을 삭제하거나 숨김 처리 해주는 '잊힐 권리' 시범 사업을 시행한다.

16   청소년의 10명 중 3명, 성인 10명 중 1.5명이 사이버 폭력을 경험했으며, 성인의 경우 언어폭력, 명예훼손, 스토킹 순으로 사이버 폭력에 노출된다. 「2021년 사이버 폭력 실태조사 결과보고서」(방송통신위원회 한국지능정보사회진흥원, 2021).

말해 주었다. 도용 사실이 알려졌을 때 온라인 지인들이 저격 영상을 만들어 공격했는데, 이는 유튜브의 도용 계정 신고가 무용하다고 생각해서 일어나는 개인적 보복이라고 윤우는 설명을 덧붙였다. 유튜브 플랫폼에 신고한다고 해도 계정 삭제 조치가 이루어지기까지 시간이 오래 걸리고, 계정이 삭제된다고 해도 언제든 다른 계정으로 다시 온라인 활동을 시작할 수 있기 때문이다.

윤우는 실효성이 낮은 시스템을 믿고 기다리느니 저격 영상을 만들고 댓글로 항의하면서 사적으로 낙인찍는 것이 더 효과적이라고 생각했다. 시스템의 부재가 개인적인 대응을 부추기는 것이다. 고등학생 하린이 역시 비슷한 의견을 말했다.

> 하린 저격 목적의 영상이나 글은 (트위터에서 많이 봤는데) 실제로 신고하는 것보다 해결되는 느낌을 더 받을 수 있다고 생각해요. 저걸(저격글이나 저격 영상을) 올림으로써 사람들이 공감해 주고 그걸로 욕을 하면서……. 사실 경찰에 신고하는 거는 (해결 과정을) 잘 모르잖아요. 그런데 (저격글이나 저격 영상은) 실시간으로 (사람들 반응을) 볼 수 있으니까 효과가 크다고 느낄 수 있다고 생각해요.

서윤 논란이 된다는 거에 대한 자기만족도 있는 것
같아요.

하린 논란이 되면서 (다른 사람들이) 그 사람을 같이
욕하니까 자기편이 돼 주는 느낌을 더 받아서…….

하린이와 서윤이가 말한 것처럼 저격 대상이
논란이 되는 상황에서 가해자가 느끼는 만족은 즉
각적이고 강렬하다. 자신이 누군가를 공격할 때 이
에 동조하는 '내 편'이 있다고 느끼는 안도감과 자
기만족에는 그 자체가 온라인 괴롭힘이라는 인식
이 없다. 다시 말해 자신의 저격을 타당하다고 여
기기 때문에 저격 대상이 괴롭힘을 당하는 피해자
라는 생각을 마비시키는 것이다.

온라인 세상에서 문제나 갈등이 생겼을 때 대
화에 나서거나 제3자의 중재, 플랫폼의 개입을 기
대하기보다 저격 게시물로 논란거리를 만들어 상
대를 공격하는 방법은 흔히 목격된다.

악플을 받거나, 악플을 달거나

민성 꼰대들 사이에서 초등학생 같은 어린 연령층
사람들을 '잼민이'라고 부르면서 안 좋게 보는 시선

이 보편적으로 깔리게 된 것 같아요.

나 왜 그럴까요?

민성 초등학생들이 생각 없이 말하는 걸 비판하면서 그런 말을 쓰는 것 같아요.

민성이는 지금 온라인에서 만나는 사람들 사이에는 자신 같은 초등학생 이용자를 안 좋게 보는 시선이 흔하다고 의연하게 말했다. 민성이와 친구들이 받는 악플도 대부분 어리다는 이유만으로 '잼민이'들을 무시하는 '꼰대'들이 적는 것이라고 했다.

중학생 지호는 온라인에 악플을 마음대로 달고 혐오표현을 쓰는 이유로 익명성을 꼽았다. 글의 작성자가 누구인지 모르거나 상대방이 내가 누구인지 모를 것이라는 생각이 들면 댓글을 남기거나 채팅을 할 때 부정적인 감정을 표출하기 쉽다는 것이다.[17] 지호와 민성이는 수위 높은 욕설을 듣게 되더라도 뾰족한 해결책이 없어 모른 척 무시하거나

---

17 앤절라 네이글은 익명성 문화가 가장 어두운 생각들을 적나라하게 표출할 수 있는 환경을 조성하며, 기괴한 포르노그래피, 은어, 잔인한 이미지, 인종차별주의, 여성 혐오 등 혐오와 폭력이 밈으로 재생산되고 있다고 지적한다. 그리고 이러한 폭력은 높은 조회 수와 모금 등으로 광범위한 지지를 받기도 한다. 앤절라 네이글, 『인싸를 죽여라』(오월의봄, 2022) 35~46쪽 참조.

신고를 넣고 상대방과 채팅을 차단한다.

> **나** 그러면 어린이 입장에서 그렇게 악플을 받았을
> 때는 어떻게 해야 할까요?
> **민성** 무시가 제일 좋은 방법인 것 같기도 하고요.
> **지호** 저는 악플 같은 걸 각오하고 라이브 방송을
> 하거나 영상을 올려야 할 것 같아요.

민성이는 악플을 그냥 무시하는 것이 제일 좋은 방법일 것이라고 말했고, 지호는 이에 덧붙여 온라인에서 자신을 표현하려면 어느 정도의 악플이나 공격은 감수해야 한다고도 말했다. 악플에 적극적으로 대처하기보다 악플을 받는 상황을 받아들여야 한다는 것이 지금 아이들이 온라인을 접하는 기본적인 태도가 되었다.[18]

어린이들은 야심 차게 시작한 라이브 방송에 댓글로 난데없이 욕설을 남긴 사람 때문에 마음에 상처를 입기도 하고, 크리에이터 활동을 멈추기도

---

18 Stine Eckert, "Fighting for recognition: Online abuse of women bloggers in Germany, Switzerland, the United Kingdom, and the United States," *New media & Society* Vol.20 no.4(2018).

한다. 이런 상황이 되풀이되는 중에 악플에 상처받은 아이에게 어떤 말을 해 주어야 할까. 이것만큼은 확실히 말할 수 있다. 악플을 남긴 사람이 잘못했다는 것. 그러니까 어린이가 자기가 한 말이나 행동에 문제가 있었는지 곱씹고 힘들어하며 자책할 필요 없다는 말로 시작하고 싶다.

한편 어린이들 역시 온라인에서 악플을 남기거나 욕설을 하는 등 잘못된 온라인 소통에 가담한다. 게임을 하면서 욕을 먹는 경우가 많다고 말했던 민재와 준서는 게임이 잘 안 풀리면 채팅창에서 막말을 하거나 일상에서 쌓인 스트레스를 악플로 풀기도 한다고 솔직하게 말해 주었다. 게임을 망친 사람에게 채팅으로 심한 욕설을 남기거나 악플이 많은 온라인 게시글에 의미 없는 욕설이나 악성 댓글을 보태면, 반대 입장이었을 때의 불쾌함은 잊은 채 스트레스가 잠시나마 풀리는 느낌이 든다고 했다. 아이들은 내게 겸연쩍어하며 온라인 폭력의 가해자가 된 경험을 털어놓았다.

스스로 죄책감이 있다고 해서, 혹은 온라인 폭력의 피해자라고 해서 같은 폭력을 행사해도 되는 것은 아니다. 폭력의 주체가 어른이든 아이든 온라인에서 일어나는 모든 형태의 폭력은 그저 장난이나 다른 사람들이 하니까 따라 해 본 실수쯤으로 치부될 수 없다. 익명성에 기댄 무분별한 말들은 상대방을 위축시키고 온라인 소통을 꺼리게 만든다.

보복성 저격글을 올리는 이유

온라인 괴롭힘의 피해자가 되었을 때 아이들은 무시하거나 신고하는 두 가지 방법이 있다고 알려 주었다. 조금 더 구체적으로 이야기하자면, 괴롭힘을 못 본 척 무시하거나 상대방 계정을 차단해서 안 보는 것이 최선이라는 답이 하나, 괴롭힘당했다는 증거를 확보하기 위해 화면을 캡처해서 신고하는 방법이 둘이다.

> 나 내가 저격 대상이 되면 어떻게 해야 될까요?
> 윤서 못 본 척할 것 같아요.
> 나 그게 제일 좋은 방법일까요?
> 윤서 좋은 방법 같지는 않은데…… 계속 보면 더 상처가 되니까요.
> 채원 똑같이 저격글을 올릴 거예요.
> 재인 저는 상대방이 어떻게 나올지 모르니까 캡처는 항상 해 놓고, 싸운 다음에 차단할 것 같아요.

참거나 못 본 척하거나 보복성 저격글을 똑같이 올린다거나 괴롭힘 증거를 확보하기 위해 캡처하기 등 아이들이 선택하는 방법은 대체로 스스로 해결하는 방식이다.

나는 제대로 된 법적 절차를 모른 채 일단 캡처해 두는 방법을 택하는 아이들이 왜 주변 어른이나 기관에는 도움을 요청하지 않는지 궁금했다. 현재 미디어 플랫폼에서 제공하는 신고 기능에 대해서는 어떻게 생각하는지 물어보자 아이들은 회의적인 반응을 보였다.

예진 신고 제도가 확실하게 잡혀야 한다고 생각해요. 사이버 불링 같은 것 신고하는 사람들도 있거든요. 미디어에서 이런 문제를 예민하게 받아들이고, 사이버 불링 관련 신고는 (가해자에게) 기회를 더 주기보다 확실하게 잡아야 해요.

하린 신고를 하면 그 내용이 바로 사라지는 게 아니라 제 눈앞에서만 블라인드 처리돼서 사라지는 거고, 관리자나 직원이 내용을 확인하고 지우는 경우도 있어요. 일부러 신고해서 글이 (피해자에게) 안 보이게 악용하는 경우도 생기는 것 같아요. 미디어가 대처할 수 있는 방법이 별로 없는 것 같은

데……. 에스크[19] 같은 거 보면 욕설이 안 써지게 되어 있는데 사람들이 어떻게 해서든 욕하는 방법을 찾거든요.

서윤 욕 사이에 시옷 쓴 다음에 1 쓰고 띄어 쓰고.

고등학생 하린이와 서윤이는 신고 기능의 실효성에 의문을 보였다. 신고 기능을 악용하거나 신고를 당하면 계정이 삭제되는 기준을 교묘하게 우회하는 이용자들이 있고, 그로 인해 미디어 플랫폼에 포함된 신고 기능 자체가 크게 효과가 없다는 것이다. 특히 예진이는 플랫폼에서 온라인 괴롭힘 문제를 충분히 심각하게 받아들이지 않고 있다고 강조했다.

---

19 페이스북·트위터 등과 연동해서 사용할 수 있는 소셜 미디어 플랫폼으로, 개인정보 입력 없이 아이디와 비밀번호만 있으면 서비스를 이용할 수 있기 때문에 익명성이 보장된다. 팬데믹 이후 학생들의 사용률이 급격히 증가했으며, 성희롱을 포함한 언어폭력의 온상이 되었다. "에스크 한국지부는 현행법 기준에 맞춰 자체적으로 청소년 보호 정책을 실시하고 있다고 설명하고 있다. 그러나 설문조사 결과에 따르면 학생들이 사이버폭력을 경험한 애플리케이션 목록(카카오톡, 페이스북, 틱톡, 에스크)에는 에스크도 들어가 있다. 설문조사 응답자들 중 41.1%는 '익명성'에 대처하기 어렵다고 답했다." 윤예원, 「사이버 학폭 온상 '에스크'를 아십니까」, 《조선일보》, 2022년 6월 7일.

아이들은 괴롭힘의 강도가 너무 심할 때는 괴롭힘 상황을 캡처하는 등 증거를 모아 신고하는 것이 좋다고 말했다. 어디에 어떻게 신고를 하는 것이 효과적인지에 대해서는 의견이 분분했다.[20]

예진 온라인에서 괴롭힘당한 것은 선생님께 말씀드려도 선생님 선에서 처리되는 경우가 너무 많아요. 그러다 보니 대표 가해자 한 명이 학폭위에 올라가도 같이 가해했던 다른 친구들이 또 보복할 수 있어요.

서윤 또다시 저격글이 올라가고, 또다시 반복되는……

같은 학교 학생들 사이에서 온라인 괴롭힘이 일어나는 경우 교사에게 신고하면 학교폭력위원회가 열리기도 하지만, 예진이는 이런 대응 방식이 피해자에게 궁극적으로는 도움이 되지 않을 것이라

---

20 온라인 괴롭힘과 연결된 학교 폭력에서는 같은 학교 학생뿐 아니라 여러 학교 학생들이 가담하면서 대응의 주체가 누구인지 어떻게 대응해야 하는지 모호해지고 있다. 한유경·송애리·박주형·김지언·오은혜, 「코로나19 이후 학교 폭력 양상 및 대응에 대한 교원의 인식」, 《교육발전》 42호(2022), 169~190쪽.

고 했다. 이럴 때는 차라리 학교나 교사가 아닌 경찰에 신고해서 문제를 표면화하고 강하게 대응할 수 있도록 하는 것이 낫다고 보는 아이들도 있다.

나 저격글 대상이 돼서 고민하는 친구가 있으면 어떻게 하라고 말해 줘야 될까요?

예진 학폭위에 신고하지 말고 경찰에 신고했으면 좋겠어요. 학교에서는 선생님들 선에서 처리하는 경우가 정말 많아요. 피해자와 가해자를 둘 다 불러서 화해하게 해요.

하린 차라리 증거를 충분히 모아서 신고하는 게 낫죠.

예진 그리고 학교에서는 학폭위가 열려도 교내 봉사 며칠, 특수 교육 몇 시간 그렇게만 받게 하는데 경찰에서는 정말 심한 경우에는 부모님이 대면해서 만나게 해 주니까. 확실히 학교보다는 처벌 강도가 세요.

사실 온라인 괴롭힘에 대한 처벌 기준은 이미 마련되어 있다. 경미한 사안인 경우에는 학교에서 전담기구를 설치하고 자체적으로 사안을 처리하지만, 그 정도가 심하다고 판단되면 교육지원청에서 설치한 학교폭력대책심의위원회에서 사안을 심의해 서면 사과, 보복행위 금지, 학교 봉사, 전학, 퇴학 등의 조치를 취하게 되어 있다. 하지만 14세 미만은 형사법상 미성년자이기 때문에 형사 처벌받지 않으며, 가해자들은 종종 이런 사실을 악용한다.

또한 선생님이 강제로 화해하도록 자리를 마련하거나 무관심한 경우, 학교 차원에서 '문제가 불거지지 않도록' 무마하는 경우 교내 전담기구는 무용지물이 된다. 학생들이 학교나 교사에게 신고하는 것에 회의적인 이유는 청소년이 경험하는 온라인 괴롭힘이 언제든 반복적, 지속적으로 이루어질 수 있음을 고려하지 않고 화해를 시켜서 임시방편으로 눈앞의 문제만 해결하는 데 집중했던 탓이 아닐까.

온라인 괴롭힘의 대처 방안에 대해 이야기를 나누다 보면 온라인에서 문제 상황을 겪을 때 도움을 받을 수 있는 통로가 너무도 부족하다는 것을 실감한다. 주변 어른들에게 말하기도 어렵고, 말을 꺼내 도움을 구한다 해도 단순히 또래 간 다툼으로 보거나 외부에 알려지지 않도록 급한 불만 꺼뜨리는 식으로 접근하는 것을 보면서 아이들은 도움 요청을 포기하고 무력하게 참을 수밖에 없다.

도움을 받을 수 없고 참기는 괴로울 때 아이들

에게 남겨진 마지막 선택지가 바로 똑같이 보복성 저격글을 올리는 것이다. 아이들은 이 방법이 바람직하지 않다는 것을 알고 있다. 저격글은 보여지기 위한 글이기 때문에 많은 아이들이 저격글을 올렸다는 사실을 알게 될 것이고, 그렇다면 '저격글을 올리는 공격적인 사람'이라는 인상을 남길 수 있다는 것이다. 아이들은 고민 끝에 올린 저격글이 캡처 화면 등 기록으로 남아 훗날 본인에게 불리한 증거로 작용할 수 있다고도 경고했다.

보복성 저격글을 올리고 싶어도 참으라고 조언하는 아이들은 그 이유를 상대방에 대한 폭력이라는 점에서 찾지 않았다. 온라인에서 충동적으로 감정을 표현했다가는 시간이 지나 감정이 수그러들어 글을 지우고 싶어도 큰 사건으로 부풀려진 후라면 되돌릴 수 없다. 한번 웹에 게시한 글은 어떻게든 증거로 남아 '흑역사'가 될 수 있다는 평판 관리 차원의 조언이었다. 본인이 피해자가 되기도, 가해자가 되기도 하는 이중적인 상황 속에서 아이들은 명확한 윤리적 판단 기준을 찾지 못하고 헤매는 중이다.

아이들에게 귀를 기울이면

이렇게 우물쭈물하는 동안 온라인 세상에서는 사회적 지표와 윤리적 가치의 부재가 문제를 일으키고 있다. 기성세대는 온라인 괴롭힘의 실태에 대해 잘 이해하지 못하고, 부모나 교육자가 온라인 이용자체를 장려하기보다는 통제하는 분위기가 일반적이다. 설상가상으로 온라인에서 발생한 폭력을 두고 친구끼리의 사소한 다툼이었다거나 피해자가당할 만하다는 식으로 반응하는 어른도 있다. 이런 모습의 어른을 본 아이들은 온라인 괴롭힘을 겪거나 목격했을 때, 혹은 자신이 가해자가 되었을 때도움을 청하기 어려워한다.

학교에서 온라인 괴롭힘에 대해 교육이 지지부진하게 이루어지고 있다는 점까지 생각하면, 온라인에서 상처받은 아이들은 마음 편히 기댈 곳이거의 없어 보인다. 지칠 법도 하지만, 아이들은 온라인 생활을 포기하는 데 그치지 않고 이런 제안을내게 들려주었다.

나 학교에서 온라인 괴롭힘에 대한 교육을 실행한다고 하면 어떤 방법이 있을까요?

서윤 온라인 괴롭힘에 대해 진지하게 토론할 수 있게 도와주는 게 중요할 것 같아요. 자기가 스스로 알아보고 정보도 구하고 상황을 봐야 온라인 괴롭힘을 하려는 사람의 생각도 바뀔 것 같고요. 제대로 된 토론을 하면서 미디어의 기능도 알아 갔으면 좋겠어요.

하린 온라인 괴롭힘에 어떻게 대처해야 하는지 잘 알려줄 수 있는 사람이 있었으면 좋겠어요. 선생님들도 잘 모르시니까 조금 더 잘 아는 사람이 상담해 준다든지 대처는 어떻게 해야 하는 건지 구체적인 것들을 알려 줬으면 좋겠어요.

아이들은 인터넷을 사용하는 사람들이 미디어 환경과 온라인 괴롭힘에 대한 지식이 전반적으로 부족하다고 느끼고 있다. 제도 마련이 시급하다고 생각했지만, 그에 못지않게 의식 개선이 중요하다는 점을 짚어 이야기했다.

온라인 괴롭힘으로 대표되는 사이버 불링은 어린이 청소년 또래 사이 문제에 그치지 않는다. 온라인에서 사람들이 교류하고 소통하는 구석구석 스며 있어 성인이나 아이들이나 모두 온라인 폭력에 취약하기는 마찬가지다.[21] 온라인 괴롭힘의 상황을 두고 진솔하게 대화를 나누는 한편, 온라인 괴롭힘이 일어나는 구조나 미디어 환경에 대한 지식을 습득하고 실제 괴롭힘의 양상과 그 심각성을 파악해야 한다.

성인의 입장에서 지금의 어린이 청소년이 경험하는 온라인 괴롭힘을 완전히 이해하기 어려울 수 있다. 빠른 속도로 문제가 커지고 순식간에 통제할 수 없는 영역까지 확산될 가능성이 큰 온라인 환경의 특수성을 인식하는 것이 먼저다. 문제가 생기면 즉시 상의할 수 있을 만한 어른의 존재가 아이들에게 절실하다.

그러므로 온라인 세상의 경험과 관련해서 어린이 청소년이 도움을 청하거나 이야기할 때 가치 판단에 앞서 먼저 귀를 기울이는 태도가 중요하다. 아이들의 행동을 탓하기 전에 그들의 마음에 먼저 귀를 기울여야 한다. 물론 온라인 괴롭힘이 올바르지 않은 행동임을 전제한 대화여야 한다.

---

21 청소년 10명 중 약 6명, 성인 10명 중 약 7명이 인스턴트 메시지나 문자를 통해 사이버폭력 피해를 받거나 가해한 경험이 있다고 대답했다. 「2021 사이버 폭력 실태 조사 결과 보고서」(방송통신위원회·한국지능정보사회진흥원, 2021).

내가 인터뷰를 통해 만난 아이들은 온라인에서 즉각적으로 부정적 감정을 표출하는 것이 갈등 해소에 도움이 되지 않는다는 사실을 잘 알고 있었다. 한순간 화가 났다는 이유로 친구를 비난하는 글을 올리는 '저격' 행위가 근본적인 해결책이 아니라는 것을 이해하고 있었다. 어린이 청소년들이 무지해서 잘못을 저지르는 것이 아니다. 미숙한 감정 표현과 대처로 상처를 주고받는 온라인 환경에서 잘못을 저지르거나 피해를 입은 아이들은 타당하고 합리적인 해결책을 알려 줄 수 있는 어른을 찾고 있다. 상황의 심각함을 직시하며 개선 방향을 제시하는 건강한 대화의 자리를 마련하자. 개인 메시지를 건넬 수도 있고, 문제 상황에서 '좋아요'를 누르거나 댓글을 달아서 지켜보고 있다는 신호를 남기는 것도 좋다. 어린이 청소년과 성인이 서로 문제 해결의 파트너로 만나 유대감과 신뢰를 형성할 수 있을 것이라 믿는다.

또한 온라인 괴롭힘을 단발적이고 일시적인 사건으로 치부하지 않도록 주의를 기울여야 한다. 온라인 괴롭힘은 피해자가 가해자가 되기도 하고, 목격자가 피해 상황을 퍼뜨리면서 피해자에게 이차 가해를 입히는 상황이 펼쳐지는 등 연쇄적이고 복잡하다. 그러므로 온라인 괴롭힘이 발생했다는 사실을 알게 된 교육자나 보호자는 무작정 피해자와 가해자를 화해시키려는 개입이 오히려 폭력적 조치가 될 수 있음을 알아야 한다.

어린이 청소년이 경험하는 온라인 세상의 특성을 이해하면 온라인 괴롭힘에 대해 깊이 있는 대화를 나눌 수 있다. 가해 아이들은 온라인의 글과 영상이 빠르게 널리 퍼질 수 있다는 특성을 이용해서 피해 아이를 괴롭게 만드는 한편, 같은 특성을 이용해 증거가 남을 수 있다는 점을 잘 알고 있다. 자신의 괴롭힘 장면을 숨기기 위해 아이들은 오프라인에서 폭력을 행사하기도 하고, 온라인에서 다수의 힘을 빌려 피해 아이를 더욱 무력하게 만들기도 한다. 온라인 괴롭힘의 피해자가 24시간 고통을 받는 것과 달리 가해자는 자신이 그냥 장난을 쳤다고, 다른 사람에게 어떤 피해를 쳤느냐고 대수롭지 않게 말하는 경우도 많다. 이렇듯 온라인의 괴롭힘은 가해자가 쉽게 발을 뺄 수 있는 환경이기에 반드시 온라인 괴롭힘이 범죄이며 잘못이라는 점을 전제하고 대화를 이어 나가야 한다.

물론 온라인 괴롭힘의 정도가 심하다고 판단될 때에는 구체적으로 누구에게 어떤 도움을 구할 수 있는지 정확한 정보를 전달하는 것도 중요하다. 주변의 어른이 도움을 줄 수 있는 범위를 넘어섰을 때에는 심리적으로 지원해 줄 수 있는 전문가, 공적 처벌이나 조치에 대해 도움을 줄 수 있는 기관 등에 대한 정보가 필요하다.

2부   **온라인 공간이**
               안전해지려면

3장

플랫폼에서
소외당하는 '잼민이'들

2000년대 초중반, 인터넷이 한창 보급되던 때 청소년들이 경험한 온라인 환경을 떠올려 보자. 메신저 프로그램 버디버디나 싸이월드는 '우리 집'이나 '나의 방'을 꾸미고 그곳에 친구들이 방문하는 형식이었다. 그 공간에서는 아이콘, 벽지, 배경음악, 상태 메시지 등으로 나의 일상과 기분을 표현하는 활동이 재미 요소였다. 특히 싸이월드에서는 서로의 관계를 규정하는 '일촌명'을 정하기도 하고, 취향이 담긴 배경음악을 선물하고 비밀 방명록을 남기는 등 오프라인과는 다른 형태로 사적이고 조금은 비밀스러운 교류가 많이 이루어졌다. 2010년대 초반까지 이런 경향은 이어졌다. 메신저 프로그램이 네이트온으로 바뀌고 카카오톡이 생겼지만, 블로그와 싸이월드 클럽이 활성화되어 있어 학급 단위의 온라인 모임이 많았다.

2020년대에 이르러 온라인 활동 반경이 비약적으로 커졌다. 2020년대의 온라인 세상은 국내 이용자뿐 아니라 다른 나라의 이용자들이 공존하는 대규모 플랫폼[22]에서 내가 보여 주고 싶은 모습이나 관심사를 부분적으로 표현하며 소통한다. 지금의 온라인 환경에서는 긍정적이든 부정적이든 그 영향력이 쉽게 증폭된다. 혐오표현이나 갈등이 극대화되는 경우 상대의 말을 듣지 않고 자신과 유사한 사람들이 모인 환경 안에만 머무르며 주장을 심화시킬 수 있기 때문이다. 실제로 국가인권위원회의 2021년 발표에 따르면 우리나라 국민 10명 중 7명이 최근 1년간 혐오표현을 경험했고, 혐오표현을 보거나 들은 경험이 있다는 응답이 오프라인

---

22 플랫폼은 소셜 미디어, 앱 등 다양한 미디어 서비스가 구동되는 비교적 개방된 환경을 의미한다. 백욱인은 플랫폼을 서비스 이용자가 접하는 눈에 보이는 부분(이용자 인터페이스)과 이용자의 활동 결과를 축적하고 전달하는 눈에 보이지 않는 부분(개발자 인터페이스, API)이 결합된 것으로 설명한다. 이때 서비스 이용자와 제공자 사이에는 비대칭적 정보권력 관계가 형성된다. 백욱인, 「플랫폼」, 『20개의 핵심 개념으로 읽는 디지털 기술 사회』(사회평론아카데미, 2022) 참조.

에서 53.2퍼센트, 온라인에서는 62퍼센트로 온라인에서 혐오표현을 경험하는 경우가 더 많다.

아이들은 온라인에서 사칭, 도용, 괴롭힘, 혐오표현 등 폭력과 범죄의 현장을 자주 맞닥뜨린다. 예기치 못한 위험에 빠지는 경우도 흔하다. 이를 방지하기 위한 정책이나 교육, 사회적 움직임이 없진 않다. 과도기적 상황을 두고 문제에 대응하기 위한 방법을 찾는 과정이라고 표현할 수도 있겠다. 하지만 아이들은 제대로 된 대처 방법을 알지 못한 채 상처받고 있다.

'잼민이'들은 갈 곳이 없다

어린이 청소년은 온라인에서 겪는 위험에 어떻게 대처하고 있을까? 2020년 나는 현장 연구를 위해 고등학교 1학년인 지민이와 친구들을 만났다. 온라인에서 안전한 공간을 마련하기 위해 어른들이 할 수 있는 일을 직접 듣고 싶었다. 그런데 아이들의 대답은 그간 내가 연구하며 품고 있었던 환상들을 깨부수었다.

나 어린이나 청소년에게 안전한 온라인 공간을 제

공하려면 어떤 노력이 있어야 할까요?

지민 안전한 온라인 공간을 제공하는 건 어려울 것 같고요, 스스로 만들어 가야 한다고 생각해요. 커 오면서 느낀 거지만 세상은 참 넓고, 온라인 공간은 더 넓어서 자기가 직접 안전하다고 생각하는 공간 을 만드는 수밖에 없다는 생각이 들어요.

하린 자체적으로 검열하는 능력이 필요한 것 같아 요. 정보의 한 면만 보고 판단하는 게 아니라 진실 을 알아내는 판단력을 키우는 노력이 필요해요.

서윤 무엇보다 줏대 있게 자기 가치관을 세웠으면 좋겠어요.

지민 서윤이가 말한 것처럼 자기 판단 능력이 어느 정도 형성되면 온라인에서 혐오표현을 봐도 아닌 건 아니라고 누구를 공격하지 않는 식으로 한마디 할 수 있는 거고……. 이걸 잘 풀어내는 능력을 스 스로 만드는 수밖에 없을 것 같아요.

아이들은 모두 온라인 문화 규범에 대한 기대 없이 개인이 판단 기준을 세우고 분별하는 습관을 들여 스스로 안전한 공간을 만들어야 한다는 데에 동의했다.

미디어 기업, 정부, 사회가 안전한 온라인 공

간을 만드는 것은 불가능하다고 단호하게 말하는 아이들의 태도에 당황스럽고 민망했다. 제도적으로 개선될 점보다 자기 자신을 지키는 방법을 이야기하는 아이들을 보며 나는 연구자로서, 어른으로서 참담한 심정이었다. 온라인 곳곳에서 스스로 안전하다고 느끼는 공간을 찾아다니거나 윤리적 판단 기준을 세우기 위해 분투하는 아이들의 모습에서는 미안함과 뭉클함을 느낄 수밖에 없었다.

연구자로서 처음 청소년을 만나 미디어 경험에 대해 이야기를 나눴던 2004~2005년 무렵에는 이렇지 않았다. 자신의 홈페이지를 개설해 친구를 초대하고 서로 방문하는 온라인 문화 속에서는 마음만 먹으면 세대 배타적인 공간을 마련할 수 있었다. 내가 인터뷰를 위해 만났던 아이들은 온라인에서 어른들에게 방해받지 않는 자기만의 공간을 만들 수 있다고 자신 있게 말했다.

가장 많이 언급되었던 것은 채팅 메신저 프로그램 버디버디다. 날개 달린 연두색 신발 아이콘 디자인이나 당시 유행했던 '귀여니' 문체처럼 특수 문자와 기호를 섞어서 표현한 닉네임은 어른들에게 유치한 것으로 비쳐 성인 사용자 유입이 적었다. 그런 데다가 주 이용층이었던 청소년들이 은어나

이모티콘을 사용해 새로운 소통 방식을 만들어 버디버디는 차츰 또래 문화로 자리 잡았다.

2000년대 초반 아이들은 이런 식으로 온라인에서 스스로 통제감과 안정감을 느끼는 공간을 만들 수 있었다. 반면 지금의 어린이 청소년은 배타성, 폐쇄성이 최소화된 플랫폼 환경에 노출되어 있다.[23]

> 은서　가수들이 자주 오고 직접 댓글도 남기는 건 좋은데…… 플랫폼에 들어오기가 되게 쉬워요. 자식 자랑을 하는 분들도 있고, 안티 팬들도 와서 온갖 욕이나 패드립을 치는 거예요.

플랫폼에 가입하는 이용자들의 연령층은 다양해졌고, 활동 조건은 줄어들었다. 플랫폼의 변화로 아이들은 많은 사람과 소통할 기회가 생겼지만, 또래만이 즐길 수 있는 문화를 만들기는 어려워졌다.

이전에 청소년들이 팬 활동을 하며 '덕질'하던 온라인 카페는 운영진이 구성원들을 조직적으로 관리해 쾌적한 환경을 만들기 좋았다. 지금의 위버

23　Anne Helmond, "The Platformization of the Web: Making data platform ready," *Social Media+Society* Vol.1 no.2(2015), pp.1~11.

스, 버블, 유니버스 같은 팬덤 플랫폼은 열린 공간이다. 운영진이 그 공간을 장악하고 통제하거나 갈등에 개입할 여지가 없다.

2020년 중학생이던 은서는 아이들이 팬덤 공간이 플랫폼으로 옮겨 가는 것을 그다지 반기지는 않는다고 이야기한다. 기존에 은서가 활동하던 온라인 카페는 구성원이 되기 위한 조건이 있고, 글을 쓰려면 등급을 올리기 위한 활동을 해야 하는 등 자체적인 규칙을 기반으로 운영되는 작은 사회와 같았다. 게다가 가입 후에도 공동체에 일정 시간을 쓰는 노력을 요구한다. 규칙을 위반하거나 활동 조건을 충족하지 못할 경우에는 이용 정지나 탈퇴 처리 등 운영진의 제재를 받을 수 있는 폐쇄적 성격을 띤다. 그러나 소셜 미디어 플랫폼은 제어 장치를 만들기가 어렵다. 가입 신청을 하고 활동에 대한 의지를 보여야 했던 카페와 달리 팬덤 플랫폼에서는 몇 가지 개인 정보만 입력하면 다른 조건 없이 계정을 만들어 활동할 수 있다. 이것이 은서를 비롯한 아이들이 플랫폼 활동에서 불편함을 느끼는 근본적 이유다.

아이들을 고객층으로 유입해야 하는 기업이 이런 변화를 왜 묵인할까? 플랫폼 운영 기업은 최

대한 많은 사람이 접속해서 오랜 시간 머물게 하는 것을 목표로 하기 때문이다.[24] 그러다 보니 이용자의 가입이나 활동을 제한할 유인이 없다. 성인 이용자들이 대거 유입되면서 플랫폼에서 과금을 유도하기도 편리해졌다. 기업 입장에서는 진입 장벽을 낮추는 것이 가장 손쉬운 이윤 창출 수단이다.

온라인 요새는 없다

온라인 환경이 점차 열린 공간으로 바뀌면서 이용자들은 스스로 경계를 만들기 시작했다. 그중에서 가장 전면에 드러나는 것은 특정 소수층을 배제하는 움직임이다. 초등학생이나 어린아이를 비하하는 '잼민이' 같은 요즘 단어도 마찬가지 맥락에서 이해할 수 있다.

> **민준** 틱톡에서는 초등학생한테 잼민이라고 하면서 욕도 많이 해요.

---

24 2022년 10월 기준 유튜브의 국내 월 이용자 수는 4000만 명에 달한다. 넷플릭스 국내 이용자 수는 2022년 9월 기준 1213만 7780명이다. 안드로이드 스마트폰 기준 전 세계 유튜브 이용자당 월 이용시간은 23.2시간이다.

나　잼민이는 어디서 나온 말이에요?

민준　유튜브나 아프리카, 트위치 방송 같은 데서 초딩들이 아무것도 모르고 그러니까 사람들이 개념 없다고 잼민이라고 불러요.

나　잼민이라고 욕먹는 친구들이 초등학생인 건 어떻게 알아요?

민준　게임할 때도 패드립 치거나 개념 없는 애들 보면 대체로 초등학생이어서…….

나　나이대 알기가 어렵지 않아요?

민준　성인이 그런 짓을 할 수도 있는데, 대부분 성숙하지 않고 개념이 없어서 그런 짓을 하는 거니까요.

잼민이라는 말을 쓸 때 상대가 실제로 초등학생인지 아닌지는 중요하지 않다. '개념 없는' 상대를 비하하기 위해 사용한다는 점이 온라인에서 어린이들이 겪는 혐오와 차별을 짐작하게 한다.[25]

잼민이는 온라인 공간에 어린이와 공존하는 것에 대한 거부감이 담긴 표현이기도 하다. 잼민이라는 표현을 사용할 때 성인들은 온라인에 노키즈

25　2021년 3월 발표한 「유엔아동권리협약 일반논평」 25호에서는 온라인 혐오표현 등이 아동의 비차별 권리를 침해하는 요소라고 설명한다.

존을 만드는 셈이다. 어리다는 이유만으로 조롱하는 표현을 들어야 하는 어린이들은 인터넷에서 자유롭게 표현하고 소통하는 데 장벽을 만난다. 아이들은 언제 어디에서 자신을 비난하는 사람을 만날지 모른다는 두려움에 위축되어 온라인 공간에서 안전함을 느끼지 못한다. 더 심각한 것은 아이들이 서로에게 혐오표현을 사용하기도 한다는 사실이다. 물론 아이들이 서로를 잼민이라고 부를 때에는 장난의 의미가 더해진다. 그러나 아이들은 경험상 상대가 나보다 지적으로 열등하거나 어리다고 단정 지으며 위계질서를 형성하고자 할 때 이 단어를 쓰면 된다는 것을 학습하고, 그토록 꺼리던 혐오표현을 스스로 재생산한다.

그렇다면 온라인에서 또래 집단끼리 소통할 때는 안전함을 느낄까? 최근 아이들 사이에서 가장 많이 갈등을 낳는 문제는 페미니즘을 둘러싼 논쟁이다. 가족끼리 정치 얘기는 하지 말라는 농담 섞인 말이 있는 것처럼 지금의 청소년에게는 페미니즘이 첨예한 갈등을 유발하는 주제다.

아이들은 자신이 좋아하는 웹툰 작가가 '남혐(남성 혐오)' 표현을 썼다며 댓글 테러를 당하는 것을 보거나 여성 혐오 논란을 봐도, 학교 같은 공적인 곳에서는 페미니즘에 대한 이야기를 꺼내지 않는다. 교실이나 친구끼리 만났을 때 관련 논쟁을 꺼내는 것은 싸우자는 이야기밖에 안 된다고 인터뷰에서 많이 듣는다. 이렇듯 오프라인에서는 갈등이 일어날까 봐 피하는 주제이지만 온라인에서는 인신공격이나 편 가르기 식의 논쟁으로 번지는 경우가 많다.

준영 최근에 3D 프린터로 인형을 만드는 게 문제가 된 적이 있었는데요, 관련 기사[26]가 나왔는데 그 기사에 남자들이 댓글을 되게 이상하게 단 거예요. 그 댓글들을 캡처해서 트위터에 올렸더니 리트윗이 엄청 많이 됐고, 사람들이 이게 뭐냐고 욕하는 걸 봤어요.

현우 어떤 친구가 페미니즘 관련 게시물을 공유했는데 그걸 본 애들이 카톡 단체방에서 걔를 불러서 공격했나 봐요. 단톡방에서 남자애들 무리가 걔 한 명한테 뭐라고 하는 거죠. "너 페미냐?" 이런 식으로. 그게 문제가 됐던 적이 있었어요.

---

26   심윤지, 「성인용품가게 대표도 "리얼돌, 뭇 여성들에겐 공포"」, 《경향신문》, 2019년 8월 9일.

성인들이 '잼민이'라고 아이들을 배척하며 혐오표현을 서슴지 않는 곳을 피해 애써 찾아온 또래 집단에서도 아이들은 좀처럼 안정감을 느낄 수 없다. '잼민이'에서 '페미'로 혐오표현이 변화했을 뿐, 서로를 비하하고 조롱하는 문화는 닮아 있기 때문이다.

온라인 커뮤니티에는 서로 다른 의견으로 충돌하게 되었을 때 상대를 이해하고 간극을 좁히기 위한 소통보다 상대방을 배척하고 무시하는 문화가 만연하다. 나와 다른 생각을 가진 저쪽 편 사람들의 말을 캡처해서 자신이 속한 집단에 공유하고 나의 편과 함께 분노하며 비웃는다.

이런 온라인 문화가 형성된 데에는 소통이 분절된 채로 이루어진다는 구조적 요인이 크게 작용한다. 온라인에서는 주로 상대방의 글을 캡처해 전달하곤 하는데, 그 과정에서 초기 발화자의 의도가 제거되고 의견을 주고받는 진정한 논의로 이어지지 못하는 경우가 많다. 이렇게 맥락이 제거된 채로 소통이 이루어지다 보니 서로 어긋나기 쉽다. 상대의 주장과 근거를 제대로 파악하지 못한 채 대치하고 날선 공방이 이어지는 식의 소통은 편 가르기로 귀결되곤 한다.

숫자에 현혹되는 아이들

"좋아요, 구독, 알림설정 부탁드려요!"

유튜브를 즐겨 이용하면 하루에도 몇 번씩 듣게 되는 말이다. 어린이 청소년이 만든 유튜브 영상에도 이 멘트를 장난스럽게, 또는 진지하게 날리는 아이들의 모습이 종종 보인다.

온라인에서는 내가 한 말, 내가 만든 영상들, 내가 올린 사진과 글이 모두 다른 사람들의 반응과 평가를 받는 대상이 된다. 내 게시물이 '좋아요'를 몇 개 받았는지, 댓글은 몇 개나 달렸는지는 게시물에 추가된 지표로 의미를 지닌다. 온라인 세상에서 표현하는 것들은 즉각적인 반응으로 평가받고, 그 평가 결과가 숫자로 남는다.

온라인에서 수로 표현되는 것은 끝이 없다. 페이스북 계정의 친구 수, 인스타그램 게시물에 달린 좋아요 수, 유튜브 채널의 구독자 수, 커뮤니티에 올린 글에 덧붙은 댓글 수, 심지어는 내가 쓴 댓글에 붙은 '좋아요'나 '싫어요' 수까지, 온라인에서 개인은 숫자로 치환된다. 아이들은 온라인 세상에서 생활하는 데 수는 중요한 지침이자 재화로 존재하게 된다는 현실을 금세 깨닫는다.

사람들의 반응이 쌓인 '좋아요' 수는 게시물을 평가하는 척도로 작용한다. '좋아요'가 많은 게시물은 사람들의 주목을 끌었다는 사실을 나타내기도 하고, 많은 동의를 얻은 콘텐츠라는 의미도 된다. 이렇게 '좋아요'를 많이 받은 글은 사회적 이슈로 떠오르곤 한다.[27]

이런 원리를 체득한 아이들은 수를 획득하기 위해 노력한다. 많은 아이들이 해시태그, 게시물을 업로드하는 시간, 사진 구도, 글 구성 등 게시물 업로드 방식과 전달하려는 내용을 표현하는 방식을 바꾸며 '좋아요'나 댓글을 많이 받기 위한 전략들을 배워 나간다. 물론 반대로 수에 집착하는 것에 회의를 느껴 플랫폼을 바꿔 버리는 아이들도 있다.

중학생이 된 시우는 초등학교 5학년 때 유튜브를 시작으로 온라인 세상에 발을 들여놓았다. 시우는 유튜브를 쓰기 시작하고 얼마 지나지 않아 자신의 계정을 만들었다. 유튜브에서 다른 사람들이

---

27 미투 운동도 소셜 미디어에서 #MeToo 해시태그를 달아 성범죄 피해 사실을 고발하는 것을 시작으로 피해자들의 목소리를 공론화할 수 있었다. 법적 절차가 부재하거나 부족한 경우, 온라인에서 다수의 동의를 얻어 사회적 안건으로 제안하는 식의 운동이 점점 많아지고 있다.

만든 영상을 시청하는 것만으로도 재미있지만, '좋아요'를 누르고 댓글도 쓰고 구독도 하려면, 무엇보다 스스로 만든 영상을 채널에 업로드하려면 계정이 필요하기 때문이었다. 시우의 경우처럼 어린이 청소년들은 적극적인 참여를 위해 플랫폼에 계정을 만들면서 '좋아요'나 댓글, 구독자 수를 남길 수 있는 구성원이 된다.

아이들은 유튜브 계정을 만든 직후부터 구독자 수를 어떻게 늘릴 수 있을지 고민하기 시작한다. 시우는 유튜브 계정을 다섯 개 가지고 있다. 한 플랫폼에서 계정을 여러 개 운영하게 된 이유를 묻자, 시우는 부계정으로 자신이 주로 이용하는 계정을 구독해 구독자 수를 늘리기 위함이었다고 말해주었다. 처음 계정을 만든 대다수의 아이들은 친구들이 보기에 창피하지 않을 만큼의 구독자 수를 확보하는 것을 중요하게 생각한다. 수업 참관을 하러 찾아간 초등학교에는 "저 유튜브 채널 만들었어요. 구독해 주세요!"라며 보자마자 인사처럼 채널 홍보를 하는 아이도 있었다.

아이들이 구독자 수 다음으로 중요하게 생각하는 숫자는 자신이 만들고 공유한 영상의 조회 수와 '좋아요' 수, 그리고 자신이 쓴 댓글에 달린 좋아요 수이다. 유튜브 경험 연구를 위해 만났던 아이들은 다른 사용자들의 클릭으로 쌓인 '좋아요' 수와 구독자 수가 커질수록 유튜브 이용이 즐겁다고 했다. 아이들은 그 과정에서 소통의 즐거움을 얻기도 하고, 타인으로부터 받은 좋은 평가 결과를 과시하기도 한다.

자신이 얻은 숫자뿐 아니라 유튜브에서 이용자들이 남긴 조회 수와 '좋아요' 수는 시청자로서 어떤 영상을 볼지 결정하는 데 주요한 평가 기준이 된다. 중학생 시우는 유튜브에서 특정 키워드로 검색하면 뜨는 많은 영상 중에서 조회 수가 높은 영상을 클릭하게 된다고 얘기했다. 많은 사람들이 그 영상을 봤다는 것, 다수가 '좋아요'를 남겼다는 것은 이용자들에게 그 영상이 믿을 만하다는 신호이기 때문이다.

유튜브 크리에이터인 시우는 영상의 조회 수나 '좋아요' 수가 사람들에게 선입견으로 작용할 수 있다는 점 역시 지적했다.

시우 사람들이 조회 수 많은 영상을 주로 보는데, 조회 수가 표시되지 않으면 구독자가 없는 사람들한테도 공평할 것 같아요. '구독자도 없고 조회 수가 없으니까 재미없을 거다.' 그런 편견을 깰 수 있을 것 같아요.

나 그러면 시우처럼 유튜브에 무언가를 만들어 올리는 사람 입장에서는 조회 수, 구독자 수 같은 게 안 뜨는 게 나을까요?

시우 검색하는 사람들한테는 조회 수가 안 보이게 하고, 영상을 만든 사람만 조회 수를 볼 수 있게 하면 좋을 것 같아요.

시우가 유튜브를 이용하며 생각한 숫자의 병폐와 개선점에 대한 이야기는 미디어 환경에 대한 중요한 통찰이 담겨 있다. 시우는 조회 수에 현혹되는 이용자들의 심리와 이용자들의 관심을 받기 위해 구독자 수를 늘려야만 하는 크리에이터의 마음을 파악하고 있다. 조회 수와 구독자 수에 따라 영상으로 얻는 수익이 즉각적으로 반영되는 크리에이터들은 가짜 계정으로 구독자 수 늘리기나 선정적인 섬네일로 클릭률 높이기, 자극적인 제목 달기 등 숫자에 집착하는 모습들을 보이며 눈살을 찌푸리게 만들기도 한다. 조회 수 노출 방식을 바꾸자는 시우의 제안은 온라인을 즐겁게 이용하고 싶다는 마음과 숫자로 인한 선입견에 외면당한 시간들을 통해 오래 고민하고 내린 결론이었다.

숫자로 쌓아 올린
피상적인 관계

나는 시우를 통해 중학생들이 페이스북을 활용하는 여러 방식을 접할 수 있었다. 그중 신기했던 것은 '좋탐'과 '좋페'였다. 시우 역시 페이스북에 가입한 후에야 알게 되었다며 자세히 알려 주었다.

> 나 '좋탐'이 뭐예요?
>
> 시우 내 게시물에 '좋아요'를 눌러 주면 네 타임라인에 가서 메시지를 남겨 주겠다는 말이에요. '좋페'는 '좋탐'이랑 똑같은데, 타임라인에 메시지를 남기는 게 아니라 페이스북 메시지를 보내 주겠다는 말이고요.
>
> 나 오, 그런 게 있군요. 그런 아이콘이 따로 있는 거예요?
>
> 시우 아니요. 게시물이 있으면 거기에 'ㅈㅍ', 'ㅈㅌ' 이런 식으로 초성으로 쓰는 거예요. 비슷한 걸로 '읽페'도 있어요. 스토리 읽으면 페메를 보낸다는……

나 시우도 '좋페'나 '좋탐' 많이 올려요?

시우 저는 아주 가끔요. 그런데 모르는 사람한테는 폐메 보내는 것보다 타임라인에 가는 게 편해서 '좋페'보다는 '좋탐'을 올리는 편이에요.

시우와 대화를 나눴던 2018년에 페이스북을 이용하던 청소년 사이의 암묵적 규칙이었던 '좋탐'이나 '좋페'는 '좋아요'라는 보상이 전제된 상호 소통 방식이다. 이런 방식의 소통은 상대가 평소에 알고 지내던 사람인지, 얼마나 친한지에 구애받지 않는다. 아이들은 마치 온라인 에티켓처럼 자신의 게시물에 '좋아요'라는 반응을 보인 사람에게 메시지나 타임라인의 방문 등으로 보상을 제공한다.

흥미롭게도 온라인에서 소통할 때 선물처럼 '좋아요'나 방문을 주고받아 방문 수를 올려 주는 행동 양식은 2006년 버디버디를 사용하던 청소년들 사이에서도 통용되었다. 2006년에 인터뷰를 위해 만났던 청소년들도 서로의 버디버디 홈페이지를 방문할 때 지켜야 할 규칙이 있다며 누군가가 내 홈페이지를 방문하면 나도 상대의 홈페이지를 방문하여 방문자 수를 올려 주어야 한다고 했다.

이런 소통 방식은 인스타그램에서도 이어지고

있다. '좋아요'를 누르면 반사적으로 상대 게시글에 '좋아요'를 누르겠다는 의미의 해시태그 '좋반', 먼저 계정을 팔로우해 주면 상대를 팔로잉함으로써 구독자 수가 많아 보이게 하는 '선팔 시 맞팔', '좋아요'나 댓글을 서로 주고받는 계정만 받겠다는 '소통해요'라는 문구 등은 대가성을 기반으로 한 소통 문화를 보여 준다.

　다른 사람의 타임라인을 찾아가서 글을 쓰거나 댓글을 남기고 '좋아요'를 누르는 등 상대의 게시물에 반응을 손쉽게 남길 수 있다는 점은 분명 온라인 소통의 색다른 재미다. 그런데 가까이에서 본 아이들은 어느새 재미보다 서로의 게시물에 반응을 주고받으며 온라인 세상에서 좋은 평판을 쌓는 일에 몰두해 있었다. 플랫폼에서 제공하는 다양한 기능은 아이들의 또래 문화를 형성하는 시스템이 되었다. 이처럼 시간을 써서 상대에게 '좋아요' 수를 선물하는 암묵적 온라인 소통 에티켓은 온라인 친구 사이의 작은 성의 표현이라거나 긍정적 소통 행동이라고만 볼 수 없다. 결과적으로 이런 소통 구조는 청소년이 온라인에서 많은 시간을 보내게 유도하는 요소로 작동하고, 아이들은 온라인에서 '좋아요'를 주고받는 피상적인 관계에 익숙해지기 때문이다.

숫자 경쟁에 내몰린 아이들

인터뷰를 통해 만났던 아이들은 대체로 중학생이 되면서 페이스북이나 인스타그램 등 소셜 미디어를 본격적으로 접하기 시작했다. 중학교에 입학한 아이들은 새로운 학군에 편입되어 더 큰 반경에서 활동하기 시작하기 때문에 초등학교에 다니며 사귀었던 친구들, 중학교에 입학해 새로 알게 된 친구들과 페이스북으로 연락한다. 페이스북 커뮤니티를 통해서 새로운 학교에 대한 정보도 얻을 수 있다.

초등학생들이 유튜브 계정을 만들고 구독자 수를 늘리기 위해 노력했던 것과 마찬가지로, 중학생이 되어 본격적으로 시작하는 페이스북에서도 비슷한 과정을 거치게 된다. 아이들은 제일 먼저 친구를 적극적으로 늘려 나간다.

> 나 페이스북 시작할 때 어려운 점은 없었어요?
> 채원 페이스북을 막 시작하면 친구가 없잖아요. 게시물 같은 걸 보고 싶은데 친구가 없어서 게시물을 못 보는 게 되게 속상했어요.
> 재인 그런데 친구가 너무 많아 보이면……

하은 말 걸기 무서운 선배들한테 연락 와. (아이들 웃음)

계정을 만든 직후에는 친구를 적극적으로 추가하여 친구 수를 늘리고, 친구들의 게시물을 보는 것이 중요하다. 이런 초기 단계를 거쳐서 그런지 연구 면담을 위해 만났던 아이들에게 '동생을 위한 페이스북 사용 설명서'를 만드는 활동을 제안하자, 가장 먼저 친구 추가를 할 때 신중해야 한다는 점을 강조했다. 자신이 페이스북을 시작하고 친구 수를 늘리기 위해 무작정 요청을 수락했다가 곤란한 상황을 겪었기 때문이라고 했다.

학교 선배라며 친구 추가를 요청한 사람이 알고 보니 전혀 모르는 성인 남성이었던 경험, 같은 중학생이라고 생각하고 친구로 추가한 계정이 음란물 광고 계정이었던 경험 등 아이들은 각자 친구 추가 과정에서 겪었던 일을 들려주었다. 위험한 상황에 휘말릴 뻔했던 아이들도 많았다. 그래서 처음 페이스북에 가입하고 나면 계정에 연결된 친구가 얼마 없어 초조할 수 있지만, 친구 추가는 신중히 해야 한다고 당부했다.

고등학생인 재윤이도 비슷한 이야기를 꺼냈

다. 중학교에 입학한 후로 페이스북을 통해 인맥을 넓히기 시작했는데, 자신처럼 인맥을 넓히기 위해 무작정 친구를 추가하다 보면 그 과정이 기록으로 남아 창피한 흑역사로 남을 수도 있다고 했다. 광고 계정인 줄 모르고 친구로 추가한다거나 허위 계정이 많아 수만 많고 실제 친구가 적다는 것을 들키면 오랫동안 놀림거리가 된다.

친구 수를 늘리는 것에 집중하는 시기가 지나고 나면, 그 이후에는 게시물에 표시되는 '좋아요' 개수에 신경을 쓰기 시작한다. '좋아요'는 친구에게 관심을 가장 쉽게 표현하는 방법이다. 아이들은 누가 누구의 게시물에 '좋아요'를 눌렀는지를 보며 친분 관계를 파악한다. 그렇기에 '좋아요' 수는 인기도를 측정하는 지표로 활용되기도 한다. 이런 분위기 속에서 아이들은 '좋아요' 개수, 즉 자신의 게시물에 다른 사람들이 얼마나 반응을 보이는지에 촉각을 곤두세우게 된다.

내 계정에서 퍼지는
가짜 뉴스와 음란물

온라인 세상에서 아이들은 점차 '좋아요'를 선물처

럼 주고받거나 구독자 수, 친구 수, 게시물에 덧붙여진 댓글을 살피고 관리하는 소통 방식에 익숙해진다. 이러한 생활 방식은 온라인에만 국한되는 것이 아니라, 공개된 장소에서 자신을 표현하는 일상에서도 평가를 당연시할지 모른다는 생각이 든다. 실제로 온라인에서 무엇을 배웠느냐는 질문에 시우는 "친구들에게 좋게 받아들여지도록 말하는 방식을 알게 됐고, 사람들이 좋아하는 방식으로 영상을 편집하는 방법도 배웠다."라고 답했다.

온라인 세상을 경험하다 보면 아이들은 곧 '좋아요' 수가 경제적 이익 창출로 연결되는 요소임을 파악하게 된다.[28] 온라인 세상에 갓 발을 들인 초등학생 아이들은 유튜브의 경제적 매커니즘이나 사용자의 수익 구조에 대한 정확한 지식은 없었지만, '좋아요'를 누르는 행동이 유튜버의 수익 창출로 연결될 수 있음을 인지하고 있었다.

---

28 온라인에서 인기가 좋은 유머 게시물은 조회 수와 추천 수, 댓글 수 같은 성과 지표 수치로 측정된다. 추천을 많이 받은 사람은 '인정욕구'를 충족하고 '(일간)베스트'에 등극하기도 하며, 가상의 재화를 쌓거나 별풍선, 실버버튼 같은 현실의 재화를 쌓는 자본가가 된다. 김학준, 『보통 일베들의 시대』(오월의봄, 2022), 32~35쪽.

서현 '좋아요'를 누르면 수입이 올라가요. 그러니까 '좋아요'를 누르고 구독자 수가 올라가면요.

민우 자기 영상을 보는데 광고가 있으면 올라가는 거예요.

서현 '좋아요'가 많으면 광고주가 광고를 많이 보내겠죠?

어린이 청소년은 게시물에 '좋아요'를 클릭하는 것, 어떤 계정을 친구로 추가하거나 유튜브 채널을 구독하는 행위가 온라인 세상의 구동력이라는 사실을 안다. 동시에 이윤 추구를 위한 행동들로 오염된 온라인 환경에서 불쾌한 경험을 겪기도 한다. 고등학생 예진이는 현재 방영 중인 TV 프로그램 영상을 올리는 페이스북 계정에 대해 이야기해 주었다.

예진 페이스북은 영상 보는 용도로 사용해요. 솔직히 말해서 페이스북에는 유튜브에 없는 영상이 꽤 있어요. 유튜브는 저작권 관리가 심한데 페북은 그런 게 좀 덜해서 TV 프로그램 영상을 많이 볼 수 있어요.

지민 트위터도 저작권을 가지고 있는 사람이 많이 대응하는 편인데…….

예진 페이스북은 영화나 TV 프로그램 영상 올릴 때 "내일까지 올린다. 그때까지 봐라."라고 해 놓고, 그동안은 영상을 볼 수 있게 했다가 그 시간이 지나면 광고 같은 다른 게시물로 바꿔요. 사람들이 영상 보고 '좋아요'를 엄청 많이 눌러 놨는데 그걸 광고로 바꾸는 거죠.

예진이가 본 계정은 저작권료를 정당하게 지불하지 않은 채 영상을 공개하고 사람들로부터 '좋아요'를 받는다. 이렇게 '좋아요' 수를 획득한 후 게시물을 광고로 바꾸어 광고 게시물이 '좋아요'를 많이 받은 것처럼 보이게 하는 한편, 영상을 보고 '좋아요'를 눌렀던 페이스북 이용자들에게 광고가 뜨게 하는 식으로 운영한다.

이처럼 '좋아요'나 친구 수를 많이 얻어 영향력 있는 계정으로 만든 후 그 계정을 다른 사람에게 판매하는 경우는 흔하다. 페이스북을 즐겁게 이용하다가도 언제 자신이 친구로 맺은 계정의 주인이 바뀔지 모르는 상황이다. 갑자기 선호하지 않는 콘텐츠에 노출되거나 허위 정보, 광고를 확산하는 계정에 연결되는 경우가 점점 많아져 불만을 낳는다.

하린 페북에는 계정을 사고파는 사람들이 있어요. 팔로워가 많은 계정을 돈 받고 파는 거예요. 예전에 제가 좋아하는 아이돌 페이지가 있어서 페북으로 가입했는데, 나중에 가짜 뉴스를 퍼뜨리는 계정으로 바뀌었더라고요.

친구 목록을 관리하는 아이들은 계정을 사고파는 행위들로 인해 애써 관리한 피드에 엉뚱한 게시물이 노출되는 경험을 종종 한다. 또한 친구들과 함께 보기 위해 팔로잉하는 계정의 게시물을 자신의 타임라인에 공유하며 정성껏 피드를 만들던 아이들은 갑자기 광고나 음란성 게시물, 가짜 뉴스 등을 퍼 나르는 사람이 되기도 한다. 아이들은 바뀐 계정을 일일이 찾아 친구 목록에서 삭제하고 공유했던 게시물을 내려야 하고, 이런 일이 반복되면 지치고 무력감을 느낀다. 좋아하는 게시물에 적극적으로 반응하고 여러 계정을 팔로우 하는 열정이 사그라들게 하는 환경이다.

향유자에서 소비자로
전락시키는 이윤 구조

계정에 대한 신뢰 문제는 페이스북에서만 발생하

는 일이 아니다. 유튜브는 이용자가 자주 시청하거나 '좋아요'를 누르는 영상, 구독하는 채널 등의 정보를 바탕으로 알고리즘을 형성해 영상을 추천한다. 이때 무작위로 뜨는 영상들을 살펴보면, 내용과 무관한 선정적인 섬네일이나 제목을 붙인 경우가 비일비재하다. 특히 사회적으로 논란이 되는 사건이 발생하면 이에 대한 의견을 담은 영상들이 차례로 올라오는데, 사람들의 주목을 끌려는 목적만으로 진위를 확인하지 않고 소문만 퍼뜨리는 '사이버 렉카' 계정도 자주 보인다. 유튜브나 온라인 미디어를 통해 뉴스를 접하는 아이들은 가짜 뉴스와 자극적 영상들에 파묻히기 쉬운 환경에 노출되어 있다.[29]

아이들이 온라인 미디어를 맹신하는 것은 아니다. 아이들은 쉽게 거짓을 말하고 책임지지 않는 온라인 세상에서 불신하는 법을 배웠다.

2020년에 만났던 고등학생 준서는 사람들의

---

[29] 아이들뿐 아니라 성인들도 10명 중 7명이 유튜브를 통해 허위 정보를 접하며, 유튜브에서 영상 증거를 통해 수집한 정보에 대한 신뢰가 높다. 2021년 5월 '한강 대학생 실종 사건'의 진상 규명을 요구하던 이들이 "우리는 유튜브만 믿어."라고 말한 것이 일례다. 박수진·조율선·장선이·신정은, 『기자들, 유튜브에 뛰어들다』(인물과사상사, 2022), 166~168쪽.

주목을 받는 유명 유튜버가 '언제 고꾸라질지 모른다'고 말했다. 한 번의 실수로 지나치게 비난을 받는 경우도 많고, 유튜버로 활동하기 전에 저지른 잘못이 밝혀지면 사람들의 태도가 180도 바뀌어 지지하던 사람들까지 맹렬하게 공격한다. 이런 집단적 행동을 보면서 준서는 한때 크리에이터가 되면 어떨까 지나가듯 했던 생각도 접었다고 했다.

준서, 우진이와 이야기를 나누었던 2020년에는 영상에 밝히지 않은 채 광고성 콘텐츠를 게시하는 행위를 문제 삼는 '뒷광고' 논란이 한창이었다. 학교 폭력 등 과거 행적이 문제가 되어 사과문을 올리고 활동을 중단한 유튜버도 많았다.

나 인기 유튜버의 과거나 관련 이슈가 지금 한꺼번에 막 터지고 있는 것 같아요.

우진 요즘 유튜버들 인기가 말도 안 되게 좋아지고 있으니까, 그냥 잘되는 게 꼴 보기 싫은 것 같아요.

나 왜 그럴까요? 유튜버 과거를 폭로한다고 자기한테 이득이 돌아오는 것도 아닌데…….

우진 그 사람이 나락으로 갈 수 있는 거죠. 그러면 자기는 "저 사람 나락 갔네. 나는 할 거 다 했다." 그럴 수도요.

준서 과거를 폭로하는 영상을 만드는 유튜버라면 그걸로 조회 수도 올리고 돈이 되니까⋯⋯. 그렇게 돈 버는 사람도 있고요. 구독자 수보다 조회를 얼마나 했느냐에 따라 돈이 들어오는 거라 가짜 뉴스랑 폭로 영상 같은 게 많이 터지는 것 같아요.

논란거리를 만들거나 광고를 몰래 받는 사람들은 단기적인 금전적 이익에 이끌린다. 그런데 이를 폭로하는 사람들 역시 조회 수와 이에 따라붙는 금전적 이익에 유인이 있다. 우진이와 준서를 비롯한 아이들은 온라인에서 생활하며 이런 온라인 플랫폼의 구조를 자연스레 터득하게 된다. 조회 수를 위해 금방 밝혀질 잘못을 저지르고 이를 폭로하는 자극적인 콘텐츠로 넘치는 온라인 세상에서 아이들은 불쾌감을 계속 느낀다.

중학생 민성이는 활동을 중단하겠다는 유튜버들의 사과를 믿지 않는다고 했다. 자숙 기간을 가지겠다며 활동 중단 선언을 해도 '유튜브 6개월의 법칙'에 따라 곧 돌아올 것이라고 했다. 유튜브는 채널이 6개월 이상 비활성 상태이거나 커뮤니티 게시물이 업로드 또는 게시되지 않은 경우 채널 수익 창출 자격을 박탈할 권리가 있다. 따라서 유튜버들은 수익 창출을 위해 6개월 안팎으로 활동을 재개한다는 것이다. 사정이 이렇다 보니 문제를 일으키고 사과하고 시간이 조금 흐른 뒤에 돌아오는 유튜버들의 패턴을 풍자하는 밈이 돌기도 했다.

> **민성** 유튜버가 '죄송합니다'라고 제목 붙인 영상들이 많이 올라오면서 '죄송한 한국 유튜버 사과 모음'이라고 풍자한 영상도 밈이 됐어요.
> **나** 그런 밈을 봤을 때 어떤 생각이 들었어요?
> **민성** '유튜버들도 돈 때문에 저러겠지.' 하고 그냥 어렴풋이 생각했어요.

이러한 환경에서 어린이 청소년이 암묵적으로 습득하게 되는 행동 방식은 향유자가 아닌 소비자의 모습이다. '좋아요'를 누르거나 구독하는 행위로 크리에이터가 경제적 이익을 얻는다는 점을 이용해 크리에이터에게 무리한 요구를 할 권리를 주장하는 사람들이 늘어났다.

일상적으로 사용하는 '자낳괴(자본주의가 낳은 괴물)'라는 단어가 있다. 사람들의 주목을 끌고 조회 수를 올리기 위해 수단과 방법을 가리지 않는 행위가 만연해지고 있다. 조회 수를 위해 무리한 '먹방

(먹는 방송)'으로 사망에 이른 유튜버가 있고, 장례식장에서 인스타그램 인증샷을 올린다거나 사건 사고 현장의 사진과 영상을 그대로 계정에 올려 조회수를 높이다가 비난을 받기도 한다. 아이들은 이 모든 행위들이 사회적으로 어떤 의미를 갖는지 충분히 교육받지 못한 채로 온라인 생활에 젖어 든다.

온라인에서 갑질하는 소비자들이나 자극적인 문구들로 '낚시성' 콘텐츠를 만드는 생산자들을 개인적 차원의 일탈로 치부해 비판하고 통제하는 것이 해답일까? 영상을 만들고, 보고, '좋아요'를 누르고, 구독자를 얻는 모든 행동은 플랫폼 기업이 이용할 수 있는 데이터로 쌓여서, 궁극적으로는 기업의 이윤을 극대화하는 방향으로 사용된다. 그렇기 때문에 아이들이 오염된 생태계에 방치된 이 상황을 언급조차 하지 않으려 한다.

유튜브에서 계정을 만드는 것이 중요하다고 말했던 아이들, 중학교에 진학하며 페이스북 계정을 만들기 시작하는 아이들 중 다수는 소셜 미디어 플랫폼이 제시하는 가입 권장 연령[30]에 미치지

---

30   한국 법령에 따르면 구글, 트위터, 페이스북, 인스타그램은 모두 가입 연령을 만 14세로 제한하고 있다.

않는다. 소셜 미디어 플랫폼들이 제시한 가입 권장 연령은 기업이 판단하는 '해당 플랫폼을 사용하기 적합한 나이'다. 이는 권장 연령 미만의 아이들이 활동하기에 적절하지 않은 콘텐츠가 다수 유통되며, 보호 장치 또한 충분히 제공되지 않는다는 것을 의미한다.

기업은 아이들의 온라인 안전을 위해 '권장 연령'이라는 소극적 조치만을 취하고 있다. 권장 연령 미만의 아이들은 가입 절차가 까다롭지 않기 때문에 나이를 속이면 플랫폼을 이용할 수 있다고 나에게 귀띔했다. 나이를 거짓으로 입력할 경우 신고하면 계정을 삭제하는 조치를 취하기도 하지만 강제성은 없다. 허술한 진입 장벽을 너무도 쉽게 뚫을 수 있는 아이들은 보호 장치나 도움을 청할 통로가 없는 사각지대에서 아슬아슬한 즐거움을 맛보고 있다.

4장

'예스키즈존'을 위한
미디어 리터러시

아이들은 온라인 공간에서 마주치는 위험에도 굴하지 않는다. '잼민이'라며 자신들을 배척하는 어른들의 말에도, 또래 사이에서 극단으로 치닫는 갈등에도, 숫자 놀음에 빠져 아이들을 범죄로 내모는 플랫폼 기업의 책임 방기에도 불구하고 온라인의 구조적 문제들을 모두 떠안은 채로 아이들은 온라인에서 모이고, 이야기하고, 서로를 듣는다.

그렇다면 아이들에게 성인과 분리된 전용 공간을 만들어 주는 것은 어떨까? 영화에 관람 연령 제한을 설정하듯, 온라인에서 미성년인 아이들을 위한 콘텐츠만 모아 보여 주는 것도 방법이 될 수 있다. 하지만 내가 만난 아이들은 그들만의 분리된 공간을 원한 적이 없다.

인스타그램에서 발표했다가 철회한 어린이용 인스타그램 서비스 개발 계획이나 유튜브 키즈 채널이 이와 같은 아이디어에서 착안한 사례다. 이는 어른들이 아이들을 '보호'해야 한다는 생각에 아이들의 자유와 판단을 제한하는 것밖에 되지 않는다. 유튜브가 어떻게 바뀌었으면 좋겠냐는 질문에 아이들은 10대들이 걱정 없이 볼 수 있는 콘텐츠를 모아 놓은 섹션이 따로 있었으면 좋겠다고 제안하기도 하고, 유튜브 키즈를 이용하고 싶지는 않지만 유튜브 채널 안에 어린이가 안심하고 머물 수 있는 공간이 있었으면 좋겠다고 이야기하기도 했다. 아이들은 어른과 떨어져 있는 공간보다는 성인과 공존하되 그 안에서 심리적으로 안전하다고 느낄 수 있는 장치가 마련되기를 원했다.

정서적 지지 네트워크

어린이 청소년이 플랫폼에서 조금 더 안전하고 자유롭게 생활하기 위해 찾은 방법은 활동할 경계를 스스로 정하고, 그 안에서 네트워크를 형성하며 정서적 지원을 받는 것이다. 비슷한 가치관을 가진 사람들, 자신을 정서적으로 지지해 줄 수 있는 사람들과 네트워크를 만들어 위험하다고 판단되는 무리와 경계를 짓는다.

나는 아이들이 안전 공간을 만드는 경험을 하고 있다는 것 자체에 안도감을 느끼는 한편 자신과 같은 생각을 하는 사람들로만 구성된 집단에서 듣고 싶은 정보만 되풀이하고 재생산하는 반향실 효과에 갇힐까 걱정에 사로잡히기도 한다. 2020년 고등학생이었던 서윤이는 온라인 혐오표현을 목격하거나 그 대상이 되는 상황에 대해 이렇게 말했다.

서윤 혐오성 발언을 보고 바로 지적하는 것은 어려울 수도 있고, 그렇게 했다가 더 힘들어질 수도 있을 것 같아요. 계속 부당하다는 생각이 들면 공감해 줄 수 있고 자기랑 관심사가 맞고, 이런 얘기를 나눌 수 있는 집단을 찾는 것도 방법이라고 생각해요.

서윤이의 말처럼 혐오표현을 쓰는 사람을 마주치는 등 위험한 상황에서는 자신을 보호해 줄 수 있는 무리를 만드는 것이 효과적이다. 새 학기에 비슷한 관심사를 가진 친구를 사귀듯 동질감을 느끼는 집단 안에서 소통하는 데 만족을 느낄 수도 있다. 하지만 울타리 안에서 안전하다고 느끼는 데 그치지 않고 무리를 만들어 배타성을 띠게 되면 또 다른 문제가 발생한다. 소속감을 느끼는 집단에서 안전을 위한 '경계 짓기'가 '무리 짓기'[31]라는 폭력적 형태로 변하는 것은 순식간이기 때문이다.

> **하린** 온라인에서 안 좋은 용어를 쓰는 사람들을 지적하는 사람들도 있는데, 그러면 꼭 안 좋은 용어를 쓰는 사람들의 편이 몰려와서 그 댓글을 단 사람한테 용어 지적을 했다고 엄청 뭐라고 하는 거예요. 그래서 온라인에서 바로 말하는 건 조금 힘들 것 같아요.

온라인에서는 익명성이라는 특성 때문에 같은 편 사람을 역성들며 상대방을 비난하는 경우가 흔히 목격된다. 경계 안에 있는 사람들이 서로를 지지하고 이해하며 도움을 주는 모습은 한순간에 나와 내가 속한 네트워크의 반대편에 있는 사람을 무

---

31 '경계 짓기'는 자신과 비슷한 생각이나 가치관을 가진 사람들과 소통하면서 다른 생각을 가진 사람들과 자신들을 차별화하고 그 안에서 정서적으로 편안함을 느끼는 모습이라면, '무리 짓기'는 자신과 다른 생각을 가진 사람이나 집단에 대해 배타적인 태도를 보이며 때로는 집단적으로 공격하기도 한다.

리 지어 괴롭히는 행동으로 돌변할 수 있다. '내 편'
이 아닌 무리의 사람들은 언제든 적대적이고 위협
적인 존재가 될 수 있다.

고등학생인 지훈이와 수빈이는 대면 상황보다
온라인에서 갈등이 더 강화될 수밖에 없는 이유를
이렇게 설명한다.

지훈 오프라인에서 직접 만났을 때 상대방이 비하
하는 발언을 했다고 느끼면 바로 항의하고 서로 오
해를 풀 수 있는데, 온라인에서는 그게 좀 어려운
것 같아요.
수빈 제가 생각하기에 친구가 틀린 말을 했다 싶
으면 그거에 대해서 제가 코멘트를 할 수 있잖아요.
그러면 거기에 대해서 그 친구도 반응을 보이고, 풀
수가 있어요. 그런데 제가 온라인에서 댓글로 반응
을 보이려면 그게 얼마나 파급력을 가지는지도 알
아야 될 것 같아요. 온라인에서 하는 말이 영향력이
더 큰 거 같아요. 사람들의 가치관에도 영향을 많이
미치는 것 같고요.

대면 상황에서 하는 말보다 댓글로 남긴 의견
과 글이 다른 사람의 가치관에 더 큰 영향을 미칠

수 있다는 수빈이의 말은 지지 네트워크가 주는 안락함에만 젖어 점점 다른 의견을 듣기 불편해하는 온라인 세상의 특징을 몸으로 느끼고 있기 때문일지도 모른다. 즉흥적으로 인터넷에 글을 올리고 댓글을 달 것이라 생각했던 내 예상과 달리 아이들은 댓글의 파급력에 대해 깊이 고민하고 있었다.

지원 기사나 영상이 약간 분위기를 타잖아요. 댓글들이 다 안 좋은 쪽으로 나오면 나머지 댓글도 다 그런 분위기를 타기는 하니까, 그 분위기를 끊어 주는 사람이 필요해요.

수민 맞아요. 트위터에서도 한 사람을 몰아가는 분위기가 형성되다가 왜 이 사람을 몰아가느냐는 의견이 나오는 순간, 다 조용해져요. 본인도 그걸 느끼고요.

준우 전 댓글이 되게 깨끗한 영상을 봤는데, 여기 댓글 왜 이렇게 클린한가 생각했어요. 시작 댓글이 중요한 것 같아요.

아이들은 이렇게 다양한 의견을 가진 익명의 사람들을 접하면서 혐오표현이나 불필요한 논쟁 과열을 막기 위해 노력한다. 댓글을 통해 의견을 주고받을 수 있는 편안한 분위기를 만든다거나 악플이 이어질 때 중간에 분위기를 환기할 수 있는 댓글을 다는 등의 대처 요령은 아이들이 실천할 수 있는 가장 안전하고 적극적인 개입이다.

다수의 이름으로 이루어지는 폭력

플랫폼에서 상대방의 게시물에 대한 선호를 나타내는 표현인 '좋아요'나 '싫어요'는 액면 그대로의 의미 외에도 찬성과 반대의 의미를 가진다. "요즘 너무 힘들다."라고 하소연하는 친구의 페이스북 스토리를 보고 중학생인 시우는 응원의 의미로 '좋아요'를 누른다. 고등학생인 재윤이와 지아는 친구의 인스타그램 게시물을 봤다는 의미로 '좋아요'를 누른다.

> 나 '좋아요'로 소통한다는 건 어떤 뜻이에요?
>
> 재윤 누가 내 게시물에 '좋아요'를 누르면 나도 그 사람 게시물에 들어가서 '좋아요'를 누르는 식으로 소통하는 것도 있고, 만약에 친한 친구가 게시물을 올렸는데 댓글 달기는 조금 귀찮으면 '좋아요'만 누르고 사라져도 '얘가 내 게시물을 봤구나.' 하고 알 수 있어요.

게시물의 내용이 좋아서 '좋아요'를 누르든 상대방에게 관심이나 동의를 표시하는 뜻으로 '좋아요'를 누르든 아이들에게 '좋아요'는 곧 숫자가 된다. 그리고 '좋아요' 수가 클수록 그 게시물의 발행자는 발화 권력을 갖는다. 나는 '좋아요' 수가 잘 쌓이지 않는 것에 압박감을 느끼는 아이들에게 최근 인스타그램에서 추가한 '좋아요' 수를 숨기고 '여러 명'으로 표시하는 기능에 대해 어떻게 생각하는지 물어보았다.

　　지아 '좋아요'에 너무 집착하는 사람들도 있으니까 '좋아요' 수가 안 보이는 게 좋을 수도 있는데요. 한편으로는 '좋아요'를 누르는 걸로 소통하는 사람도 있으니까 극단적인 상황이 아니라면 ('좋아요' 수를 표시하는 기능은) 쉽게 없어지지 않을 것 같아요.

　　이렇게 숫자로 위세를 더할 수 있다는 특성 때문에 아이들은 주목을 끌기 위한 수단으로 '좋아요' 기능을 활용한다. 2019년에 만났던 고등학생들은 사이버 불링으로 연예인이 자살하는 사건이 연달아 일어난 후, 인신공격성 악플이나 억지 주장을 하는 댓글을 공개적으로 망신 주거나 비난하기 위해 '좋아요'를 누르는 일이 많아졌다고 했다. '좋아요'를 많이 받은 댓글은 베스트 댓글이 되어 댓글창 제일 위로 올라가 사람들의 주목을 받기 때문에 못매를 맞기 더 쉽다는 것이다. 이때 사람들이 누른 '좋아요'는 찬성이나 좋다는 뜻이 아니라 집단의 힘을 이용하기 위한 수단이 된다.

온라인 이용자들은 댓글로 자신의 의사를 표현하지 않아도 페이스북에서 제공하는 '좋아요', '화나요', '웃겨요' 등 감정 이모티콘 버튼을 클릭하는 것으로 자신을 표현한다. 이러한 표현은 개별적으로 존재하지 않고 집단적이며, 숫자로만 남기에 익명성이 더욱 강해진다. 숫자로 치환되는 개인이라는 익명성 뒤에 숨어 사람을 보지 못하는 경우가 많아지고 있다.

게시물의 성격에 맞지 않는 반응을 보여 주목을 끌려는 경우도 있다. '좋아요'를 누를 만한 내용이 아닌데 일부러 주목을 끌기 위해 '좋아요'를 눌러 사람들의 공분을 사는 일을 즐기는 듯한 사람들이 그런 경우다. 시우도 페이스북을 이용하면서 이런 경우를 목격했고, 강한 반감을 표현했다.

시우 세월호 게시물같이 슬픈 게시물에 '좋아요'나

'웃겨요'를 누르거나 그런 댓글을 남기는 사람들이 있는데, 진짜인가 하고 한 번 더 보게 돼요. 진짜 그런 사람들이 있어서 좀 놀랐어요.

나 그런 걸 보면 어떻게 반응하는 편이에요?

시우 너무 화나면 댓글로 뭐라고 하거나 신고를 하는 편이에요. 그런데 보통은 댓글로 뭐라고 하면 그 사람이 대댓글로 저한테 뭐라고 할까봐 좀 무서워서 댓글보다는 '싫어요'를 눌러요.

수적 우세를 이용하여 댓글을 고정시키고 공개적으로 비난하는 것 역시 다수의 힘을 이용한 폭력이다. 하지만 아이들은 악플을 멈추기 위해 정당한 제재를 가했을 뿐이라고 여기는 것 같다. 아이들은 이렇게 타인과 스스로를 검열하는 환경에 적응하고, 그 환경을 강화시키고 있다.[32]

---

32 온라인 괴롭힘의 반대급부로 오늘날 학생 공동체 사이에서는 사소한 공격에도 곧바로 가해자로 지목하여 비난하는 '가해자 지목 문화'도 함께 퍼지고 있다. 쉽게 군중이 모여들 수 있는 소셜 미디어에서 특히 만연하며, 이런 문화 안에서 아이들은 경계심, 두려움, 자기 검열을 학습하게 된다. 조너선 하이트·그레그 루키아노프, 왕수민 옮김, 『나쁜 교육』(프시케의숲, 2019), 130~131쪽.

온라인 정글에서 살아남기

아이들은 온라인에서 안전하게 생활하기 위해 "자체적으로 검열하는 능력"이나 "줏대 있는 가치관", "갈등 상황을 잘 풀어낼 수 있는 능력"이 필요하다고 말했다. 돌발적인 상황에서 자신을 지킬 수 있는 우선적 해결책은 온라인에서 접하게 되는 정보, 사안, 상황들에 대한 주도적 판단이라는 뜻이다. 하지만 온라인에서 쏟아지는 정보와 불쑥불쑥 발생하는 갈등 상황은 쉴 틈 없이 사용자들을 둘러싸고 있기 때문에 아이들이 여유를 두고 심사숙고하여 입장을 정리할 수 있는 환경이 아니다.

소셜 미디어에서 시작된 논쟁이나 이슈는 온라인 커뮤니티에서 페이스북, 유튜브 등으로 퍼지며, 때로는 지상파 TV 방송 등 레거시 미디어가 해당 사안이나 이슈를 선별하여 추가로 확산시키기도 한다. 트위터와 페이스북 등을 통해 국민청원 참여를 독려하여 소년법 개정, 임신중절 관련법 개정 등 국가적 요구 사항을 직접 전달하는 경우가 점점 많아지고 있다. 이때 이슈가 선정되는 기준은 얼마나 많은 사람이 관심을 가지느냐이다. 많은 사람이 관심을 가진다는 사실이 그만큼 중요한 논의라는 방증이기도 하지만, 다수에게 닿지 못한 이슈는 애당초 관심 대상으로 제시되지도 않는 구조적 문제도 간과할 수 없다.

청소년들은 소셜 미디어에서 제공하는 실시간 검색어를 출발점으로 뉴스를 접한다고 했다. 중학생인 은서는 트위터 등 소셜 미디어에 뜨는 '실트(실시간 트렌드)' 키워드를 보고 화젯거리를 파악하고, 해당 이슈에 대해 다른 사람이 공유한 내용을 재공유하는 방식으로 정보를 해석하고 처리한다.

서영 트위터에서 국민 청원 링크 같은 게 정말 많이 공유돼요. "이런 일이 있는데 몇 만 명 청원을 채워야 된다. 이런 일이 묻히면 안 된다." 같은 게시물과 링크도 많고요. 청원에 동의하면서 사회적 이슈를 더 알게 되는 것 같아요.

고등학생인 서영이 역시 소셜 미디어에서 사회적 이슈를 경험하는 경우가 많다고 설명했다. 인터넷에서 논쟁이 되는 사건들도 마찬가지다. 상황이 진척됨에 따라 관련 정보는 무한대로 증가하고, 사건 사고 기사가 워낙 쏟아지다 보니 점점 많은 사람들이 직접 정보를 찾아 진상을 파악하려 노력하기보다 누군가가 정보를 정리해 주기를 기다린다.

중학생인 현우는 주로 페이스북에서 뉴스를 접하는데, 대개 '사이버 렉카'라고도 불리는 개인 유튜버들이 이슈에 대한 정보나 논쟁거리를 정리하고 자신의 해석을 덧붙여 말하는 형식의 영상이 포함된 게시물을 통해서라고 했다.

현우 사건이 터지면 정리해 주는 BJ나 유튜버들이 있잖아요? 커뮤니티 사이트에 그 사건에 대한 이야기가 쭉 올라오는데 그걸 다 읽기는 힘들고…… BJ들이 '누구 사건 정리' 이런 식으로 영상을 올려 줘요. 그걸 보고서 아는 거죠.

나 그 사람들이 정리한 내용은 믿을 만한 것 같아요?

현우 모르겠어요. 저는 별 관심 없으니까 그냥 보고 '그랬나 보다.' 하고 넘어가요. 사건이 진행되는 도중에 말해 주는 사람도 있고, 사건이 완전히 다 끝나고 정보가 좀 모인 다음에 정리해서 말하는 사람도 있었고요. 결국에는 그들도 정확한 건 모르는 것 같아요. 공식적으로 나온 정보들을 조합해서 말하는 것 같아요. '우리가 알아보려면 직접 다 찾아봐야 하는데 그 사람들이 정보를 모아 주는구나.'

딱 그 정도?

　　과거에는 언론에서 전달하는 정보를 신뢰하고 취했듯이 지금의 청소년들은 유튜버들이 정리한 내용을 따라가며 사회적 이슈들을 파악한다. 하지만 유튜버들은 대부분 내용을 검토하는 동료나 조직 없이 혼자서 정보를 제공한다. 가짜 뉴스에 대한 경각심이 불거지면서 정보를 검증하지 않고 믿거나 공유하는 이용자가 비난의 대상이 되지만, 실제로 어떤 기준으로 정보를 판별해야 하는지 방법을 제시할 수 있는 사람은 많지 않다.[33]

　　이때 우리가 반드시 고려해야 하는 부분은 바로 정보를 만들고 확산하는 사람들의 의도다. '총정리', '한눈에 보기', '몇 줄 요약' 등 자극적인 키워드

33　BBC에서는 팬데믹 시기 코로나19 바이러스에 대한 잘못된 정보가 인터넷에 퍼지자 가짜 뉴스 판별법으로 일곱 가지 공식을 제안했다. 1. 일단 멈추고 생각하라 2. 출처를 확인하라 3. 가짜일 수 있는지 의심하라 4. 확실하지 않으면 공유하지 말라 5. 사실을 개별적으로 확인하라 6. 감정적인 게시물을 조심하라 7. 동의한다고 공유하지 말라. 하지만 이 역시 개인에게 정보 판별의 짐을 지우는 것에 불과하다. BBC, 「코로나19: 가짜뉴스를 퍼트리지 않는 7가지 방법」,《BBC코리아》 2020년 3월 28일 기사 참고.

로 콘텐츠를 발행하는 생산자의 목적은 대체로 조회 수를 올려서 경제적 이윤을 내기 위함이다.

준우 유튜브 영상에서 틀린 말을 하는 것 같아서 댓글을 보면 사람들이 이미 다 틀렸다고 말하고 있어요. 사람들이 알아서 다 반박하고 있어서 저는 영상 볼 때 거의 댓글이랑 같이 보거든요. 그래서 영상도 맞는 소리를 하고 댓글도 맞는 소리를 하면 좀 믿을 만한 거 같고, 댓글에 반박이 많다 싶으면 '아, 틀린 얘기구나.' 하고 생각해요.

고등학생 준우처럼 아이들은 대체로 온라인에서 접하는 정보나 누군가가 만든 게시물을 판단하기 위해 댓글이나 다른 사람들의 반응을 참고한다.

아이들이 자라며 자연스럽게 거짓말과 진실을 가려내는 능력을 기르듯 온라인에도 경제적 구조에 의해 거짓 정보가 생성된다는 것을 점차 배우게 된다.

수빈 맞는 소리를 하는 것 같긴 한데 자기주장이 지나치게 강한 사람들이 있잖아요. 그런 걸 읽으면 그냥 넘기려다가 '아, 근데 난 이게 맞는지 안 맞는지 모르겠다.' 하는 생각이 들어서 댓글에 달린 답글을 보면 다른 의견을 말하고 있어요. 그러다 보면 뭐가 맞고 뭐가 틀린지 알기 힘들어요.

아이들은 댓글 내용을 전부 신뢰할 수 없다는 사실도 경험적으로 터득한다. 일상에서 궁금한 정보나 사회적 이슈에 대한 판단 근거를 주로 온라인에서 찾는 요즘 아이들은 다수가 찬성했거나 많은 사람들에 의해 채택된 게시물을 위주로 접하게 된다. 중학생인 유진이는 페미니즘에 대한 정보를 온라인에서 찾아본 경험을 이야기해 주었다.

유진 저는 유튜브 댓글 같은 것을 보다가 헷갈려서 찾아봤던 것 중 하나가 페미니스트예요. 정확한 뜻이랑 (페미니스트라는 말이) 왜 그렇게 갑자기 안 좋은 쪽으로 이야기되는지 몰라서 댓글 같은 거를 많이 봤어요. 관련 영상도요.
그런데 거기 보니까 사람들 말이 다 다른 거예요. 그러니까 확신이 안 들잖아요. 그래서 부모님한테도 물어보고, 애들한테도 물어보고 했어요.

유진이뿐 아니라 온라인에서 찾은 정보가 신

뢰할 만한지 판단하는 일은 누구에게나 어렵다. 아이들은 지나치게 많은 정보와 의견에 파묻혀 기준을 잃기 십상이다. 결국 정보를 검증하기 위해 아이들은 주변 사람에게 묻거나 다른 매체를 통해 정보를 구하고, 때때로 판단을 유보하거나 포기하기도 한다.

이를 단순히 일반적인 정보 검색 과정이라고 말할 수는 없다. 이용자들의 학습과 환경의 자정 작용보다 허위 정보의 생산이 더 빠르게 이루어지고 있다. 생산자에게 가이드가 되는 소셜 미디어 플랫폼의 허위 정보에 대한 규제가 턱없이 부족하며, 플랫폼을 이용하는 아이들에게 온라인에서 접하는 정보를 분별하기 위한 기준을 가르치는 곳도 거의 없다.

온라인에서 다른 사람들이 화젯거리로 만든 뉴스를 주로 접하다 보니 청소년들은 각자 중요하다고 생각하는 주제에 대해 사람들의 이목을 끄는 방법도 고민한다. 고등학생 지원이와 수민이는 어떻게 표현해야 온라인에서 주목받을 수 있는지 다음처럼 분석했다.

지원 온라인에서 이슈가 퍼지려면 일단 해시태그

가 잘 만들어져야 하고요.

수민 예전에 예술고등학교에서 뮤지컬로 (학교 비리를) 고발한 영상을 올렸었잖아요. 그런 경우에는 사람들이 보게 되니까, 그 흐름을 탔던 거 같아요.

지원 용화여고 스쿨 미투[34]가 이슈가 된 것도 학교 창문에다 '미투'를 붙인 사진을 공유하면서였고요. 저는 그 사진을 딱 보고 '스쿨 미투인가 보다.' 하고 읽게 되더라고요. 표현하고 전달하는 방식도 고민 해야 하는 것 같아요.

어린이 청소년이 온라인 세상에서 사회적 이슈에 클릭으로 반응하는 데 그치지 않고 자신의 목소리를 내려면 많은 고민을 거쳐야 한다. 온라인 환경에 대한 이해가 선행되어야 하며, 현재 사람들이 주목하고 있는 사안이 무엇이고 그 이유는 무엇인지, 그리고 내 견해를 효과적으로 피력하기 좋은 플랫폼이나 커뮤니티는 어디인지 이용자들의 반응

---

34 초·중·고등학생이 주축이 된 '스쿨 미투'는 학생이 교사의 말과 행동에 성적 수치심을 느낀 것을 소셜 미디어를 통해 고발하며 2018년 시작되었다. 교사와 학생 사이에 입장 차이가 존재하여 의견이 분분하지만, 서울시교육청에서 공개한 자료에 따르면 2018~2020년에 스쿨 미투 보고를 받은 교사 수는 188명, 사건 이 발생한 학교는 94개에 이른다.

을 보고 성향을 파악하는 능력도 키워야 한다. 이
에 더해 내가 중요하게 여기는 것은 무엇인지, 관
심사는 무엇인지, 어떤 기준으로 옳고 그름을 판단
할 것인지, 판단 근거는 어디에서 찾을 것인지를
결정해 나가는 모든 과정은 전부 어린이 청소년 이
용자의 몫이 되어 버린다.

어린이 청소년들이 매일같이 정보를 찾고 의
견과 생각을 정립해 가는 온라인 환경의 진짜 모습
은 표지판 하나 없이 햇빛도 들지 않는 무성한 정
글 같다.

미디어로 세상을 읽는 능력

급격히 변화한 환경 속에서 디지털 기기 사용
률과 인터넷 사용 시간이 늘어나며 동영상 소비는
많아지는 데 비해 텍스트 소비량이 현저히 줄어 아
이들의 문해력이 저하되고 있다는 지적이 많다.[35]
필요한 정보를 책보다 동영상으로 접하는 것이 익
숙한 요즘 아이들을 두고 "모르는 것을 검색할 때

---

35 김윤정(글), EBS 「당신의 문해력」 제작팀(기획), 『EBS 당신의
    문해력』(EBS BOOKS, 2021). 222쪽, 226~240쪽.

인터넷 포털 앱을 켜면 구세대, 유튜브나 트위터를 켜면 요즘 세대"라는 농담이 있을 정도다.

그러나 자라나는 세대에 대해 문해력이 부족하다고 뭉뚱그려 비판하는 것은 기성세대의 낭만주의적 접근이다. 미디어 교육에서 문학작품을 영상으로, 영상을 문학으로, 혹은 문학을 만화로 장르를 넘나들며 바꾸는 활동이 있다. 이는 장르마다 요구하는 '문해력'이 다르다는 점을 보여 준다. 영상을 보는 세대이기 때문에 문해력이 떨어진다고 표현하는 것은 시대착오적이라는 뜻이다.

미디어 리터러시 연구자 박유신은 「당신을 위한 문해력」[36]에서 "디지털 미디어 시대에 문자 기반의 어휘력과 문해력이 떨어지는 것은 어쩌면 당연한 결과일 수 있다. 간과하지 말아야 할 것은 그렇다고 디지털 세대가 무능하거나 삶의 지식에서 소외되는 것은 아니라는 점이다."라고 말했다. 우리는 아이들의 문해력이 저하되고 있는 현실을 비판하며 미디어 사용을 금지하려는 보호주의적 태도만 고집할 것이 아니라, 지금의 미디어 교육과

---

36   박유신, 「당신을 위한 문해력」, 《한편》 6호 '권위'(민음사, 2021).

평가 시스템에 대해 재고해야 한다.

미디어 환경에서 요구하는 문해력 역시 고유의 영역이 있다. 소통과 표현의 자원과 맥락이 확장되고 있음에 주목하는 '뉴 리터러시'[37] 논의가 미디어 리터러시의 기본이다. 미디어 리터러시 교육을 디지털 도구나 기기를 활용하는 능력, 혹은 미디어를 비판적으로 읽고 평가하는 능력을 키우는데에 집중하는 좁은 의미로 받아들여서는 안 된다. 미디어 환경에서 활발히 소통하고 생활할 수 있게 하는 다양한 능력의 결합을 미디어 리터러시라고 부르며, 따라서 미디어 리터러시 교육은 전통적으로 읽기와 쓰기 교육을 모두 강조하고 있다.

기술과 상호공생하는 아이들을 위해 온라인 세상에 참여하는 데 필요한 역량을 키우는 새로운 방법을 고민해야 한다. 어린이 청소년이 온라인 세상에서 목소리를 내고 소통하며 사회 일원으로 참여하도록 돕기 위해서는 그들이 온라인 세상에서 살아갈 때 요구되는 능력을 파악하고 이를 지원하는 확장된 리터러시 교육이 반드시 필요하다.

---

37 Cope, Bill & Mary Kalantzis (eds.), *Multiliteracies: Literacy learning and the design of social futures*(Psychology Press, 2000).

3부

온라인에서
성장하는 아이들

5장

프로필에서
나를 숨겨야 한다

"어른들이 보기에는 스마트폰의 까만 화면에 빠져 있는 것 같겠지만, 우리는 까만 화면 속 밝은 세상을 경험하고 있어요."

2021년 디지털 시민성을 주제로 한 포럼에서 나와 같은 세션에 참여했던 고등학생 수민이가 한 말이다. 2021년 9월 4일, 시도교육청(강원도교육청, 경기도교육청, 서울특별시교육청, 인천광역시교육청) 네 군데에서 공동 주관한 2021 학교민주시민교육 국제 포럼이 열렸고, 나는 '코로나19 이후 디지털 시민사회와 리터러시' 세션에 참가했다. 초등학생과 고등학생이 패널로 참가하여 어린이와 청소년의 경험을 직접 들을 수 있었는데, '청소년의 미디어실태'를 발표한 수민이가 한 이 말을 듣고 나는 머리를 한 대 맞은 기분이었다. 문득 명절 때마다 스마트폰만 들여다본다고 아이들을 구박하는 친척 어르신들의 모습이 떠올랐다. 아이들을 걱정하는 말이지만, 아이들을 정말 몰라서 하는 말이기도 하다.

수민이가 온라인 세상의 위험과 어두운 면을 몰라 '밝은 세상'이라고 표현하지는 않았을 것이다. 그럼에도 나는 '밝은 세상'이라는 표현을 들었을 때 지금의 아이들에게 온라인은 확실히 오프라인 공간 이상의 힘을 가진 생활 공간이라는 느낌을 받았다. 오프라인에서 사람들을 알아 가고 갈등을 겪고, 혹시 모를 위험에 대비하며 일상을 살듯, 온라인 세상에서도 아이들은 매일의 삶을 살아간다.

그러나 온라인이 오프라인과 결정적으로 다른 점은, 온라인에서 아이들은 그저 존재하기만 할 수 없다는 것이다. 아이들은 온라인에서 다른 사람에게 비치는 자신의 모습을 선택해야만 온라인 세상에 입장할 수 있다.[38] 이제 온라인 프로필은 아이들에게 자신을 나타내는 방식이자 소통하기 위한 '정

---

38   한스 게오르크 묄러·폴 J. 담브로시오, 김한슬기 옮김, 『프로필 사회』(생각이음, 2022), 27쪽.

체성의 조각'이 되었다.

　아이들은 온라인에서 자아를 파편화하여 프로필에 내건다. 그리고 나와 온라인에서 소통하는 타인도 그런 나름의 판단으로 자신의 모습을 선택적으로 보여 주고 있음을 알게 된다. 아이들은 온라인에서 타인과 완전한 모습으로 만나지 않더라도 공통의 취향이나 관심사, 가치관을 가진 사람들과 교류하며 공동체를 만들어 가는 것에 재미를 느낀다. 나이나 성별, 지역 등이 소통에 제약이 되지 않는 경우가 많다는 점도 아이들이 좋아하는 온라인 세상의 특징이다. 이렇게 취향을 기반으로 구축한 관계망 안에서 아이들은 철저히 익명성을 유지하거나 자신의 일부만 공개한 채로 존재한다.

　아이들은 자신의 다양한 면을 표현해 보고 그에 대한 사람들의 반응을 보며 프로필을 어떻게 꾸미면 좋을지 터득한다. 심지어는 자신의 한 측면만 부각한 계정을 여러 개 운영하면서 자아를 분절하여 관리하는 방식을 선택하기도 한다.

　온라인은 사회적 제약에서 벗어나 자신을 자유롭게 표현하며 타인과 교류할 수 있는 공간으로 비친다. 하지만 아이들은 과연 온전히 자율적 의지에 따라 온라인 자아를 형성하고 네트워크를 형성하고 있을까? 아이들의 행동 양식을 특정하는 요소가 있지 않을까?

프로필은 창작의 영역

아이들이 소셜 미디어를 적극적으로 이용하기 시작하는 계기는 대체로 또래 문화에 참여하고 친구들과 지속적으로 소통하기 위해서다. 친구들과 함께하기 위해 발을 들인 온라인 세상에서 아이들은 같은 관심사를 가진 사람들과 소통하며 점차 관계망의 반경을 넓혀 나간다.

온라인에서 관계를 형성하기 위해서는 플랫폼에 가입하고 프로필을 만드는 작업이 가장 앞선다. 어느 플랫폼이든 댓글을 달거나 '좋아요' 버튼을 누르려면 계정으로 로그인하라는 메시지가 뜬다. 계정을 만들기 위해 회원 가입을 하면 프로필을 만들어야 하고, 프로필 설정 화면에는 주로 사진, 소속, 소개 글 등을 입력하여 자신을 표현할 수 있도록 되어 있다.

페이스북 이용 방법을 설명하면서 아이들이 첫 번째로 내게 알려 준 것은 계정 사진 설정이 매우 중요하다는 점이었다. 프로필을 자기 얼굴이 나

온 사진으로 설정해야 새로운 학교에 입학하여 사 귄 친구들과 연결되기 쉽다고 했다. 보통은 중학교 에 입학하면서 페이스북에 가입하는데, 이때 같은 학교 사람들이 알아보고 친구로 추가할 수 있도록 프로필을 꾸며야 한다는 것이다. 아이들은 친구들 과 찍은 사진을 프로필 사진으로 걸어 두거나 좋아 하는 연예인, 캐릭터를 드러내기도 하고 프로필 소 개글에 소속이나 자신이 좋아하는 문장을 써 두는 등 다양한 방식으로 자신을 드러낸다.

　이처럼 아이들에게 온라인의 프로필은 자신의 개성이 묻어나는 창작의 공간이다. 이미지 한 장만 으로 자신을 보기 좋게 꾸며야 하고, 이미지와 텍스 트를 결합하여 자신의 생각이나 기분 등을 다른 사 람들에게 내보이기 때문이다. 그래서 아이들은 프로 필을 비슷하게 따라 만들거나 다른 친구가 사용했던 이미지를 사용하는 것을 창작물의 표절처럼 여긴다. 중학교에 막 입학한 재인이도 프로필 사진을 따라 했다가 민망했던 경험이 있었다고 이야기해 주었다.

　재인　친구 카카오톡 배경이 너무 예쁜 거예요. 그 래서 캡처해 두고 친구가 배경에서 그 사진을 내리 기를 기다렸다가 제 배경 사진으로 올렸어요.

아무도 모를 줄 알았는데 그걸 보는 애마다 "어? 이
거 누구 프사 아니었어?" 하는데……. 별 생각 없이
그 이미지를 카카오톡 배경으로도 올리고 페이스북
같은 데도 올렸는데, 지금 생각해 보니까 그 친구는
얼마나 어처구니가 없었을까 싶어요. 기분 나빴을
것 같더라고요. 되게 후회했어요.

다른 사람의 프로필 사진을 따라 하는 것은 수
고롭게 이미지를 선별하고 문구를 입력해 만든 개
인의 고유한 분위기를 해치는 일이다. 즉, 다른 사
람의 프로필을 모방하는 것은 창작의 영역을 훼손
한 것이나 마찬가지라는 이야기다.

프로필은 소셜 미디어에서 자신을 표현하는
대표적인 수단이다. 그다음으로 아이들이 신경 쓰
는 것은 계정과 연결된 온라인 친구의 목록과 친구
수다. 자신의 계정이 누구와 연결되어 있는지, 얼
마나 많은 사람들과 연결되어 있는지는 실시간으
로 계정에 표시되며 계정 주인이 어떤 사람인지 보
여 준다. 청소년기는 또래 집단에 진입해 친구를
사귀고 인간 관계를 쌓는 것을 중요하게 여기는 시
기다. 그런 청소년에게 학교 친구를 중심으로 많은
사람을 친구로 추가하여 자신의 네트워크를 가시

화할 수 있는 공간인 페이스북이 어떻게 보이는지는 아이들에게 외모만큼이나 중요하다. 특히 인기와 넓은 인맥을 자랑하고 싶은 아이들은 어떻게 친구 수를 늘릴 것인가, 어떤 기준으로 친구 추가를 결정할 것인가 등의 고민을 하게 된다.

페이스북에 친구 수가 많으면 학교 밖에도 아는 친구가 많다는 뜻이 되어 아이들의 부러움을 산다. 특히, 외모가 뛰어난 친구나 또래 사이에서 유명한 친구와 페이스북 친구라면 으스댈 수 있는 자랑거리가 되기도 한다. 즉, 친구 수가 많은 것은 분명 자랑거리이지만 친구 목록에 나열된 계정들의 주인이 누구인지가 훨씬 더 중요하다는 뜻이다. 페이스북 친구 수가 얼마 없더라도 모두 친해지고 싶어 하는 아이들 몇몇과 친구를 맺고 있다면 선망의 대상이 되기도 한다. 반대로, 광고 계정이나 가계정이 친구 목록의 대부분을 차지하는 경우 놀림의 대상이 되기도 한다. 광고 계정은 아무런 게시물도 없는 가계정과 친구를 맺어 수를 늘리기 때문에 허수가 많고, 아이들은 이 점을 잘 알고 있기 때문이다.

또한, 아이들은 계정의 피드가 어떻게 만들어져 있는지에도 관심을 쏟는다. 직접 업로드하는 게시물에 더해 어떤 게시물에 '좋아요'를 누르는지,

어떤 포스팅을 공유하는지 등 온라인 활동이 총체적으로 결합되어 만들어진 피드는 아이들의 온라인 자아를 보여 준다.

이렇게 아이들이 계정을 만들고 친구를 추가하고 피드를 관리하며 온라인에서 활동을 이어 가는 동안, 플랫폼은 계정을 범주화하기 시작한다. 계정의 활동 범위를 분석하여 해당 계정과 관심사가 겹칠 것으로 예상되는 다른 계정들을 친구로 추천하거나 게시물을 노출한다.

페이스북, 인스타그램, 트위터, 틱톡 등 플랫폼마다 알고리즘 형태는 조금씩 다르지만 플랫폼은 이용자에게 끝없이 연결망을 제안하고 콘텐츠를 생산하게 만든다. 이런 구조 속에서 아이들은 자신의 계정이 누구에게 추천되는지에 따라 소셜 미디어 소통 반경이 어느 정도 정해진다.

2021년 아시아태평양 지역 청년 대상 미디어 리터러시 워크숍에서 만난 스리랑카 국적의 하르샤이니는 스스로 진보적 가치관을 가진 사람이라 인식하고 규정해 왔다. 그런데 어느 날 우연한 계기로 자신의 포스팅과 계정이 보수 성향의 계정을 운영하는 사람들에게 추천되고 있다는 사실을 알게 되었다. 하르샤이니는 스스로 규정하고 있던 자신의 정체성은 흩어지고 플랫폼 알고리즘에 의해 가치관이 규정된 느낌이었다고 말했다.

개인 사용자는 어떤 게시물이 누구에게 전달되는지, 나에 대한 정보가 누구에게 도달하는지 알 수 없다. 결국, 플랫폼에 의해 내가 속하게 될 집단과 소통 환경이 결정되는 것이다.

좀 더 신중해지는 아이들

고등학생이 되면 아이들은 페이스북에서 인스타그램으로 넘어간다. 텍스트 기반 플랫폼에서 이미지 기반으로 자신을 표현하고 소통하는 곳으로 옮기는 것이다. 중학교에 막 진학해 페이스북을 사용할 때는 태그나 친구 목록을 통해 자신의 네트워크를 과시하고 게시물이 얼마나 많은 인정과 반응을 받고 있는지 전면에 내세우는 것에 집중한다. 반면 또래 집단과 교류하는 법도 터득하고 온라인 세상을 어느 정도 경험한 뒤에 사용하기 시작한 인스타그램에서는 24시간만 공개되는 스토리 기능을 활용해 조금 더 폐쇄적이고 단발적인 소통이 가능해진다.

지민 보통 인스타그램은 사생활을 표현하는 사진

올리는 곳이라는 분위기가 있어요. 페이스북이랑 연동도 돼서 좀 더 개인적인 느낌이 나고, 트위터는 덕질용 공간이라는 인상이 강하고요.

예진 페이스북은 친목 도모를 위한 곳이랄까…….
다 같이 놀고 자기 게시물도 올리고 친구랑 소통하는 느낌이 있는데, 인스타는 일상 공유용이라 해야 하나? 사생활 공유하는 사람들도 있고 그냥 사진을 찍어 올리는 사람들도 있어요. 요즘은 점점 비슷해져서 차이를 못 느끼겠지만요.

하린 인스타는 예쁜 사진을 많이 올리는 분위기가 있는 것 같아요.

다양한 플랫폼을 이용하기 시작하는 고등학생들은 플랫폼을 각각 다른 용도로 사용한다. 아이들은 각 플랫폼에 적합한 자기 표현이 무엇인지, 실질적으로 권장하는 표현 방식은 무엇인지, 플랫폼 이용자들이 선호하는 분위기가 있는지를 파악하고 그 해석을 토대로 자신이 활동할 플랫폼을 결정한다.[39]

---

39 Pablo J. Boczkowski, Mora Matassi, & Eugenia Mitchelstein, "How Young Users Deal With Multiple Platforms," *Journal of Computer-mediated Communication* Vol. 23 no.5(2018), pp.245~259.

한 번에 140자까지 쓸 수 있는 트위터에서는 140자 안에 주장을 짧고 강하게 담으며, 이어지는 '타래'를 통해 논지를 강화한다. 익명성이 강하게 보장되는 플랫폼인 만큼 정치 문제, 사건 사고 등 민감한 사안에 대한 이야기가 많이 오간다. 의견에 동의하는 경우 타인의 글을 자신의 피드에 보이도록 하는 '리트윗'을 주로 활용한다. 이렇듯 플랫폼의 인터페이스에 따라 그 특성이 뚜렷하게 드러나기 때문에 청소년들은 온라인에서 원활하게 소통하기 위해 각 플랫폼과 이용자들의 성향을 파악하고자 노력을 기울인다.

플랫폼의 구조적, 문화적 특징이 이용자, 특히 어린이 청소년에게 미치는 영향에 대한 우려를 보여 준 사례가 있다. 2021년 미국에서는 페이스북(현재의 메타)이 어린이용 인스타그램 서비스를 개발하겠다고 발표했다가 여러 관계자의 반대에 부딪혀 계획을 철회했다. 어린이의 발달과 미디어 이용에 관심을 가진 학자들은 인스타그램이라는 플랫폼의 특징이 정체성을 형성하는 초기 단계에 놓인 어린이들에게 미칠 부정적 영향을 특히 우려했다. 인스타그램이 권장하는 자기표현 방식과 인스타그램에서 각광받는 포스트의 성격을 고려할 때 어린이들이 자신의 신체 이미지에 강박을 느끼거나 단면적 이미지로만 노출되는 타인의 일상을 자신의 일상과 비교하는 습관이 생길 위험을 고려해야 한다고 말했다.

온라인 생활에 적응하고 나면 청소년들은 자신이 온라인에 남긴 게시물이나 댓글, '좋아요' 같은 반응 등 작은 흔적들까지 모두 기록으로 남아 훗날 자신을 판단하는 근거로 쓰일 수 있다는 것을 깨닫는다. 이런 경험들이 쌓여 청소년들은 온라인에 기록을 남기는 것에 신중해진다. 특히 일상이나 비밀스러운 이야기는 친구들에게만 보이는 비공개 계정에서만 공유하려는 경향이 짙다.

지원 저는 인스타 공개 계정, 비공개 계정이 따로 있는데 공개 계정은 24시간이 지나면 사라지는 스토리만 올리고 비공개 계정으로는 진짜 친한 애들만 팔로우 받아서 게시물 올려요. 방금도 애들이랑 같이 치킨을 먹었는데 스토리에 '맛있다' 이런 거 올렸거든요. 공개 계정에는 스토리로 먹은 것만 거의 올리는 것 같아요.

아이들은 공개적으로 운영하는 인스타그램 계

정에서 게시물의 공개 시간을 조절할 수 있는 스토리 기능을 주로 사용한다. 물론 스토리를 캡처하는 사람도 있지만, 게시물로 남지 않고 휘발된다는 기능이 지원이를 비롯하여 아이들에게 좀 더 안전하다고 느끼게 하기 때문이다. 모두가 볼 수 있는 계정에서는 음식 사진이나 간단한 코멘트만 올려 논쟁거리가 될 만한 여지를 두지 않는다. 중학생 은서도 비공개 계정을 운영하면서 아는 사람들로만 구성된 소규모 네트워크 안에서만 소통하는 방식을 택했다.

> **은서** 제 인스타그램은 비공개거든요. 그래서 서로 친구인 애들만 제 것을 볼 수 있어서 괜찮아요. 친구가 된 애들도 글을 남발해서 많이 쓰는 것 같지도 않고요. 친구도 제가 먼저 신청하지 않고 신청 오는 것 중에 제가 아는 애들만 받아요.

호기심과 설렘을 안고 유튜브 계정을 만들고, 직접 촬영하고 편집하여 영상을 업로드하며 온라인에서 자신을 표현하는 데에 거리낌이 없었던 아이들은 온라인에서 자신을 숨기고 비난 받지 않을 만큼 이야기하는 방법을 배운다.

나를 숨기는 법 터득하기

온라인 세상에서 아이들은 자신이 미성년자라는 사실을 알리지 않고 오직 관심사를 중심으로 다른 사람들과 교류할 수 있다는 사실에 매력을 느낀다. 나이나 성별, 지역이 밝혀지면 '잼민이' 같은 혐오 표현을 듣는 등 갈등이 시작되기도 하지만, 익명성이 보장되는 한 아이들은 악플이나 혐오표현의 위험에서 멀어지게 되어 더욱 활발하게 소통한다.

고등학생 수민이는 트위터를 실제 친구들이 아니라 게임같이 온라인에서 만난 사람들과 만나서 소통하는 용도로 쓴다고 했다. 트위터 계정은 게임을 중심으로 사람들과 교류하기 위해 만든 것이기 때문에 수민이는 나이도, 성별도, 주거지도 밝힐 필요가 없다. 고등학생 하린이와 지민이도 익명성 때문에 트위터를 애용한다고 했다. 닉네임으로 소통하기 때문에 속에 묵혀둔 말을 많이 할 수 있다고도 말했다.

지민 저는 인스타 계정이 세 개 있는데 친한 친구들만 볼 수 있게 비공개로 돌리고 팔로우를 받아요. 거기서도 부끄러운 짓을 많이 하기는 하는데, 그건 친구들도 아는 저의 부끄러운 모습이고, 트위터는 친구들은 몰랐으면 좋겠는 부끄러운 짓을 주로 하는 곳이죠.

지민이의 경우처럼 아이들은 익명성이 더 많이 보장된다고 생각하는 플랫폼에서 진정으로 자유로운 소통을 경험한다. 친구들에게 밝히기 싫은 모습을 드러낼 수 있고, 이에 공감해 주는 온라인 친구들을 사귀며 해방감을 느끼기도 한다. 다양한 방법으로 자신을 표현해 보기도 하고, 자신을 이상형에 맞추어 다른 사람처럼 포장하기도 한다. 아이들은 이런 자유를 잃지 않기 위해 친한 친구들끼리도 활동하는 계정을 밝히지 않는 경우가 많다.

이렇게 익명성을 기반으로 네크워크를 넓히면서 아이들은 익명성을 어느 정도로 유지할 것인지 결정해야 한다. 어느 범위의 사람들에게까지 자신을 노출할 것인지, 다른 사람이 나에 대해 얼마나 많이 알아도 되는지 등 정보 공개 범위를 판단해야 한다.

이런 경향이 가장 잘 드러나는 문화가 인스타그램, 트위터에서 자주 보이는 '부계' 운영이다. 아이들은 주로 일상을 공유하여 친구들에게 알려도 되는 '본계'(본 계정)와 분리하여 자신의 흥미 혹은 관심사, 취향에 집중하여 하나의 주제로 운영하는 부차적 계정인 '부계'를 갖고 있는 경우가 많다. 본계는 학교나 학원에서 알게 된 친구들과 소통하는 계정으로 사용하지만, 부계는 운영하고 있다는 것 자체도 비밀에 부칠 때가 많다.

부계는 뚜렷한 목적을 가지고 운영하는 계정이기 때문에 일관성 있게 팔로잉과 '좋아요'를 관리하여 스스로 계정의 연결망을 설정할 수 있다. 예를 들어 좋아하는 연예인의 소식을 보고 나누기 위한 '덕질'용 부계를 만들었다면, 같은 관심사를 가진 사람들을 구독하고 해당 연예인 관련 소식에만 '좋아요'를 누르며 자신에게 추천되는 친구와 소식, 그리고 자신의 계정이 노출되는 범위를 좁게 설정할 수 있다.

나 그럼 유튜브 계정 두 개, 인스타 계정 세 개, 트위터는 계정 두 개 이렇게 쓰고 있는 거예요? 계정 간에 차이는 어떻게 뒀어요?

지우 유튜브는 제가 예전에 만들어서 올린 영상들이 모여 있는 계정이 하나 있고요. 유튜브에서 댓글로 소통하기도 하는데, 그때 제가 올린 영상이랑 연결되는 게 싫어서 소통만 하는 용도 계정을 하나 따로 만들었어요.

나 인스타랑 트위터 계정은 어떻게 나눴어요?

지우 트위터는 마마무 덕질하는 계정 하나랑 그 외의 용도로 이용하는 계정이 있고요. 인스타그램은 제가 손 글씨 쓰는 걸 좋아해서 손 글씨 쓴 거만 올리는 계정이 있고, 학교나 학원 친구들이랑 연결된 계정 하나, 공부할 때 스터디 플랜 같은 거 올리는 계정도 하나 있어요.

지우는 위에서 언급한 계정들이 서로 연결되지 않게 관리하고 있다. 계정이 연결되면 친구 추천이나 연락망 연결 등 정보가 노출되며 신분이 드러날 위험이 있다. 지우는 덕질용 트위터 계정에서는 다른 사람들이 자신이 중학생임을 모르게 하고 싶고, 학교나 학원 친구들에게는 취미인 손 글씨나 스터디 플랜을 짜는 모습을 숨기고 싶어 했다. 지우처럼 아이들은 여러 계정을 운영하며 계정별로 자아를 분절하여 온라인에서 다양한 모습으로 존재하기도 한다.

모든 아이들이 지우처럼 여러 계정을 운영하며 관계망을 관리할 수 있는 여건에 있는 것은 아니다. 지우가 학교에서 가장 친한 친구라고 소개한 나윤이는 구글 아이디 한 개로 모든 소셜 미디어에 가입했다. 나윤이는 계정을 분리할 필요성도 크게 못 느끼고 계정 회원 정보를 일일이 관리하는 것도 귀찮다고 했다. 게다가 스마트폰 사양이 높지 않아서 한꺼번에 많은 앱을 가동할 수 없다고 했다.

아이들은 각자 성향과 필요뿐 아니라 경제적 여건이나 사용하는 기기 등 주어진 상황에 따라 소셜 미디어 계정을 운영하는 방식이 달라진다. 이에 따라 아이들이 온라인에서 접하는 정보의 양과 종류도 천차만별이다.

나를 포함한 성인들은 대부분 오늘날의 어린이 청소년이 날 때부터 디지털 세상에 익숙한 '디지털 네이티브'로 모두 비슷한 온라인 경험을 하고 있을 것이라 지레짐작하고는 한다. 나윤이의 이야기를 듣고서야 나는 아이들의 온라인 경험이 부모님에게 제공받은 기기와 본인의 관심사, 성향, 그리고 플랫폼의 성격에 따라 달라진다는 사실을 새삼스레 체감했다.

아이들은 온라인에 계정을 만들며 온라인의 친구들에게는 오프라인의 자신을 숨기고, 오프라인 친구들에게는 온라인에서의 모습을 숨긴다. 이렇게 자유로움과 즐거움을 가져다주는 익명성은 타인에게도 보장된다. 이는 상대방이 제공하는 정보의 신뢰성도 꼼꼼히 따져 봐야 한다는 뜻이기도 하다. 아이들은 의도적으로 타인의 기록을 이용하는 사칭 계정들이 횡행하는 현실을 알고 있다.

아이들이 목격하는 사칭 계정은 다양하다. 학교 선배나 친구의 지인이라며 접근하는 사칭 계정도 있고, 유명인을 사칭하는 계정을 종종 보기도 한다. 어른들은 사칭 계정이 다른 사람의 정체성을 복제하여 사기 행각을 벌이는 등 범죄를 이어가는 환경에 놓인 아이들을 수수방관하고 있는 현실이다.

사칭 계정에 접근하는 이유

중학생인 은서의 친구는 자신의 정체성을 도용한 사칭 계정이 만들어진 것을 우연히 알게 되었다. 사칭 계정이 자신의 이름으로 다른 사람의 험담을 하고 다녀서 문제가 생겼고, 주변인들이 은서의 친구에게 알려주면서 사칭 계정이 만들어졌음을 알게 됐다.

은서 페이스북에서 친구 정보가 도용당한 적이 있어요. 누군가가 친구 사진을 도용해서 계정 만든 게 들켰는데, 들키게 된 게 이 사칭 계정 주인이 "사실 나 얘를 도용했다."라고 저격글을 쓰면서 친구 사진 같은 걸 다 올려서 도용당한 친구 얼굴이 다 퍼진 거예요. 그때 친구가 엄청 스트레스를 받았어요.

나 그래서 그 친구는 어떻게 했어요?

은서 그냥 그 도용 계정이나 저격글 퍼가는 사람들한테 내려 달라고 일일이 부탁하고……. 그렇게밖에 못했던 것 같아요.

은서의 친구는 자신인 척 사칭한 계정이 다른 사람들과 일으킨 마찰에 아무런 책임이 없음에도 불구하고, 자기가 그 문제를 해결해야 한다는 부담을 떠안게 되었다. 자신의 정보가 도용당했다는 사실을 일일이 알리며 온라인 평판을 관리했고, 도용 계정이라는 사실이 밝혀지는 과정에서도 자신에 대한 정보가 상세하게 공개될지 모른다는 두려움이 컸다고 했다. 이 상황에서 사칭 계정을 신고하는 것과 저격글을 퍼가는 사람들에게 개별적으로 글을 내려 달라고 부탁하는 것밖에는 방법이 없었다. 자신을 사칭하는 계정 때문에 가장 억울한 사람이었지만, 문제를 해결해야 하는 사람도 피해 당사자였다.

자신을 표현하고 소통하기 위해 공유했던 정보들은 나를 사칭하는 계정을 만들어 운영할 수 있게 하는 빌미가 된다. 부계를 만드는 문화도 사칭 계정을 분별하는 데 어려움을 더한다. 고등학생인 서윤이와 친구들은 유명인의 부계처럼 활동하는 사칭 계정을 많이 보았다고 했다.

서윤 트위터에도 사칭이 진짜 많아요. 연예인인 것처럼 대리 만족 느끼게 해 주는…….

지민 카카오톡에도 비밀번호 없이 들어갈 수 있는 오픈 채팅방에서 "내가 연예인 누구인데 지금 뭐 하고 있다." 그런 내용을 올리는 사람도 있어요. 당연히 그 연예인이 아닐 거라 생각은 하지만 그래도 혹시나 하는 마음이 있어요.

하린 사칭 계정 같은데 팔로워 수가 많으면, '진짜인가? 그 사람 부계인가?' 하는 생각도 들고…….
잘 안 알려진 사진을 올리면 사칭이라는 생각을 못하게 되는 것 같아요.

유명인이나 공인은 소셜 미디어 플랫폼에서 신분을 확인하고 공식 계정임을 표기하는데, 공식 활동을 알리는 계정 외에 사적으로 이용하는 부계정을 쓰는 경우도 있어 잘 꾸며진 사칭 계정은 그런 유명인의 부계가 아닐까 착각하게 만든다. 아이들은 그 계정이 사칭일 수 있다고 의심하면서도 친구로 추가하거나 계정 주인과 소통하게 된다고 했다. 공인이나 연예인같이 오프라인에서 교류가 불가능한 사람들과 온라인에서 사적으로 소통할 수 있는 기회라는 생각에 빠져 아이들은 잠시 주저하다가도 위험을 감수한다.

6장

계정 뒤에서는
보호받을 수 있을까

하린이는 여자 중학생처럼 보이는 프로필 사진으로 활동하는 계정으로부터 메시지를 받았다. 누구인지 모르는 사람이어서 계정을 살펴보니, 팔로우수는 많은데 팔로워는 없어서 일반적인 중학교 여학생 같지 않다고 판단했다. 하린이는 사칭 계정일 가능성이 높다고 생각되어 메시지를 이어가지 않았다고 한다.

아이들이 사칭 계정일지도 모르는 계정과 친구를 맺는 이유가 단지 호기심 때문만은 아니다. 중학교에 입학하면서 페이스북에 가입하는 아이들은 새로운 친구들과 선배를 알아 가야 한다는 긴장과 부담감을 갖는다. 입학 전후로 아이들은 모르는 학교 선배들의 친구 추가 신청을 받곤 한다. 이때 상대방이 누구인지는 모르지만 선배에게 안 좋은 인상을 줄까 봐 수락하는 경우가 많다. 사회적인 압력으로 친구를 맺게 되면서 피해를 입는 사례들이 종종 있는데, 예원이의 피해 사례도 그렇게 시작되었다.

나　학교에서 페이스북 사칭 관련된 일이 있었어요? 〔아이들 머뭇거리는 분위기〕 어떤 일이 있었는지 이야기해줄 수 있어요?

예원　〔친구들에게〕 이제 말해도 괜찮은 거 같아……. 중학교 선배라고 해서 제가 일단 친추를 받았는데, 알고 보니까 사칭이었어요. 그분이 아무것도 안 입은 자기 신체 사진을 저한테 보냈고, 제가 개인적으로 대응하다가 결국에는 차단했어요. 〔친구를 가리키며〕 학교 선배를 사칭한 사람이 얘한테도 연락했는데, 얘는 아무것도 안 하고 있다가 제가 말해 줘서 계정을 차단했고……. 그런데 지금까지 범인을 못 찾았어요.

학교 선배라고 사칭한 계정이 지속적으로 음란 메시지를 보내자 예원이는 자신이 받은 메시지를 캡처하여 기록으로 남기고, 학교 선생님에게 도움을 요청했다. 선생님은 예원이가 피해 상황 증거를 확보하는 것을 도왔고, 해당 계정을 차단하고 페이스북에 신고한 후 교내 심리 상담 전문가에게 예원이가 상담을 받을 수 있도록 지원했다. 예원이가 학교의 도움을 받는 과정에서 예원이 외에도 피해자가 여럿 있다는 사실이 밝혀졌고, 예원이는 친구들에게 대처 방안을 알려 주었다고 했다.

단순히 학교 선배의 친구 추가 요청을 거절하는 것이 건방져 보일 수 있겠다는 순간의 판단이 예원이를 오랜 시간 괴롭게 했다. 온라인에서 모르는 사람이나 누군가를 사칭하는 사람에게 성희롱 메시지를 받거나 불쾌한 메시지를 받는 일은 어린이 청소년에게, 특히 여학생들에게 비일비재한 일이다. 아이들은 메시지를 삭제하거나 신고하거나 무시하고 넘어가는 등 개인적으로 대응하는 수밖에 없다고 말했다. 예원이의 경우는 학교 안의 안전망이 구동되어 피해 상황에 대응했던 인상적인 사례다.

관계가 껄끄러울 때는
계정을 닫으면 그만

예원이의 경우와 달리 대부분의 경우 아이들은 계

정을 삭제하거나 비공개로 전환하거나, 아니면 활동 계정을 바꾸는 식의 대처를 떠올린다. 온라인에서는 운영하는 계정과 연결된 네트워크를 적극적으로 분리하거나 연동할 수도 있고, 온라인에서 맺어진 관계는 일회적이라는 특징이 있기 때문이다. 아이들은 쉽게 계정을 여닫으며 관계를 차단하고 생성하는 기능을 해결책으로 여긴다.

유튜브 연구를 하면서 만난 도영이는 유튜브에 계정을 여러 번 만든 경험이 있다고 했다. 비밀번호나 계정 정보를 잊어버려 새 계정을 만들기도 하고, 예전에 만들어 올린 영상이나 네트워크가 남아 있는 것이 싫어 계정을 삭제한 후 다시 만든 적도 있다고 했다. 얼굴이 드러난 영상을 올렸다가 어린이라는 이유로 악플을 너무 많이 받아서 마음고생을 한 윤우도 그동안의 노력이 아쉽긴 해도 계정을 닫고 새로 열 수 있어 다행이라고 말했다. 새로 여는 계정에서는 어린이라는 단서가 절대 드러나지 않도록 조심하고 있다는 말도 덧붙였다.

고등학생인 하린이와 친구들은 계정을 만드는 과정이 지나치게 간소해서 생기는 문제들을 지적했다. 한 사람이 계정을 여러 개 만들어 운영하기 쉬운 틱톡에서는 악플이나 악성 메시지를 남기는 계정을 특정하여 추적하기 어렵다. 페이스북 역시 추가 계정을 만들어 운영하기 쉬우므로 나와 소통하는 사람이 혹시 사칭 계정은 아닐까 항상 조심하게 된다. 인스타그램의 계정 차단 기능에는 해당 계정이 소유하거나 만드는 다른 계정을 전부 차단할 수 있는 옵션이 있지만, 하나하나 직접 차단해야 하는 번거로움이 있다.

　소통 과정에 갈등과 문제가 생겨도 상대방과의 관계를 완전히 끊어 내기 어려운 오프라인과 달리 온라인에서는 계정을 닫으면 그만이다. 고등학생인 지원이와 친구들은 사회적으로 물의를 일으킨 유명인이 소셜 미디어 계정에서 다른 사람들과 논쟁을 벌였다가 비난이 거세지자 소통을 차단하는 경우도 있었다고 말해 주었다. 한 연예인은 마약 투여 혐의를 받자 게시물을 전부 내리고 팬들과 소통을 차단하기도 했다. 듣기 싫은 것을 듣지 않아도 되고, 관계를 정리할 순간도 본인이 정할 수 있다. 상대방의 의사나 기분을 배려하고 자신의 행동을 성찰적으로 바라볼 기회를 종종 놓치기도 하며, 본인의 기분을 최우선시하는 병폐를 낳기도 한다.

　계정 관리도 마찬가지다. 본인이 발행한 소식이나 게시물로 채워진 피드가 마음에 들지 않는다는 이유만으로 계정을 삭제하기도 하고, 게시물을 갑자기 전부 정리해 버리거나 기존 계정을 방치한 채 새 계정을 만들어서 활동하는 계정을 돌연 바꾸기도 한다. 계정을 생성하고 삭제하기 쉬운 환경에서는 때에 따라 변하는 관심사와 유행에 따라 계정을 유연하게 운영할 수 있다는 장점이 있지만, 그만큼 책임감과 인내심을 가지고 계정을 운영하기는 어렵다. 아이들의 계정 운영 방식은 블로그나 미니홈피 등 한 계정에 꾸준히 시간을 들여 관계를 쌓거나 피드를 운영하던 기성세대의 온라인 사용 방식과 달라졌음을 여실히 느낀다.

자율성이 보장된다는 착각

온라인 세상은 적극적인 표현과 소통, 그리고 공동체 참여를 장려한다. 어린이 청소년들은 온라인에서 자신이 어떻게 존재해야 할지 선택하는 상황에 자주 놓인다. 학교와 가족, 학원, 또래 친구들 사이에서 성장함에 따라 커지는 고민만큼 아이들은 온라인에서도 시행착오를 거친다.

어떤 프로필 사진을 내걸 것인가, 프로필 소개 문구는 어떻게 쓸 것인가, 누구와 친구라는 것을 과시할까 하는 사소한 것까지 전부 판단하고 선택해야 한다. 이런 선택들이 쌓이면서 아이들은 자신의 계정이 어떤 카테고리로 분류되는지, 온라인에서 만난 사람들에게 어떤 면을 보이는 게 좋을지, 각 계정에 연결된 친구의 네트워크를 분리해야 할지 연동해도 좋을지 등 복잡한 문제들을 끊임없이 선택하고, 그 결과를 즉각적으로 보게 된다.

계속해서 선택해야 하는 상황들은 스스로 자신의 모습을 만들 수 있는 자율적 환경인 것처럼 착각하게 만든다. 자신이 무엇을 좋아하는지, 남들에게 보이고 싶은 나의 모습은 무엇인지 끊임없이 성찰하게 만들기 때문이다.

하지만 온라인에서 존재하기란 영원히 지워지지 않는 흔적을 남기는 것과 같다. 내가 관리하는 나의 모습은 파편적으로 기록되어 나를 따라 다닌다. 비밀번호를 잊어버려 다시 사용하지 못하는 계정 속 내 모습도, 단 한 번 로그인하기 위해 만든 계정 속 나의 활동도 전부 데이터로 처리되어 온라인 세상에 떠돈다.

아이들이라고 해서 힘들게 쌓은 피드와 계정을 일순간에 삭제하는 결정이 결코 쉽지는 않다. 아이들은 온라인에서 스스로를 보호할 다른 방법을 찾지 못했기 때문에 계정을 옮겨 다니거나 차단하는 식으로 숨어 버리는 것이다. 온라인의 나를 리셋하고 싶다는 강한 욕구에 계정을 삭제한다고 해도 문제는 해결되지 않는다. 어딘가에 저장되었거나 타인에게 공유된 과거의 게시물, 나와 연결되어 있었던 다른 계정에 남은 흔적, 캡처된 화면은 어디까지 퍼져 있는지 알 수 없다. 그럼에도 계정을 삭제할 수 있다는 사실은 큰 위안이자 유혹이다. 문제를 회피할 수 있는 가장 손쉬운 방법이기 때문이다. 자율적으로 소통하는 방법을 배우는 것 같은 착각 속에 아이들은 제한된 선택지만 손에 쥔 채로 쉽게 포기하는 법을 터득한다.

7장

평판 관리의 굴레에서
벗어나기

성인이 되어서 10대에 남긴 말에 책임을 진다는 것은 어떤 의미일까? 나는 지금의 청소년을 지칭하는 'Z세대'[40]의 특징으로 온라인에서 신중한 태도를 꼽는다. 요즘 아이들은 이전 세대가 청소년기에 온라인에 남긴 흔적들이 성인이 된 후에도 직접적인 영향을 미치는 경우를 종종 목격한다. 외모 콤플렉스가 있어 대학에 진학하며 성형 수술을 하고 이전에 온라인에 올렸던 사진을 다 지웠지만 다른 친구

---

40   Z세대는 밀레니얼 세대의 후속 세대로 1995년부터 2009년 사이에 태어난 아이들을 지칭한다. 이들은 모바일과 영상에 익숙한 세대이자 스마트폰이나 모바일 환경이 제공하는 즉각적인 소통에 익숙하다. 김아미·김아람, 「Z세대는 연예인 학교폭력 이슈를 어떻게 인식하고 소비하는가」(경기도교육연구원, 2019).

가 캡처하거나 저장해 두었다가 폭로한다거나 연예인이 미성년자 시절 담배를 피우거나 술을 마시는 모습을 자랑 삼아 올렸던 사진이 나중에 공개되어 비난을 받기도 한다.

아이들은 이전 세대가 겪은 일을 당하지 않기 위해 소셜 미디어에 기록을 남기는 데 신중해졌다. 온라인에서 표현은 소극적으로 이뤄지며, 적극적 참여자나 향유자보다는 구독자나 소비자로 머물고 싶어 한다. 아이들은 일상이나 경험, 생각을 공유하고 다른 사람들의 게시물에 반응을 보이도록 소통 장치가 구조화되어 있는 소셜 미디어 환경에서도 마음 놓고 표현하지 못하는 처지가 되었다.

청소년들은 자신이 남긴 온라인의 자취들이 약점이 되어 돌아올지도 모른다는 생각, 의지와 무관하게 나와 관련된 기록이 떠돌 것이라는 생각에 머뭇거린다. 온라인에 접속할 때마다 이런 걱정에 휩싸이지는 않겠지만, 온라인 세상의 위험을 체감하게 되는 청소년들의 성장기는 녹록하지 않다.

내 시행착오가 전부 기록된다면

지금의 청소년은 성장 과정을 온라인에 남기며 자라는 첫 세대일 것이다. 유아기의 정보를 부모가 큰 고민 없이 소셜 미디어에 공유하는 '셰어런팅'[41]을 시작으로 아이들은 온라인에 노출된다. 자신의 계정을 가지기 시작한 후에는 스스로 남기는 정보까지 쌓인다.

성인이 된 지금, 청소년 시절을 떠올려 보면 얼굴이 후끈해지는 실수를 저지르기도 했고, 한없이 감상적인 순간들도 있었다. 짝사랑하던 친구가 다른 아이를 좋아한다는 사실을 알았을 때 마음을 가누지 못하고 온라인에 글을 올렸을 수도 있고, 친구들과 장난을 치며 남긴 '엽사(엽기 사진)'를 홈페이지에 올렸다가 빠르게 퍼지는 것을 보며 후회했을 수도 있다. 이런 사소한 에피소드 외에도 남들에게 말하기는 부끄러운 작은 시행착오들을 겪

---

41 영유아기에 부모가 자녀의 사진을 업로드하는 일이 잦아지면서 범죄와 초상권 침해 등 자녀의 권익 보호에 대한 목소리가 높아지고 있다. 2023년부터 한국에서도 '잊힐 권리' 시범사업이 시행되며 자녀 본인이 원하지 않는 경우 부모가 과거에 소셜 미디어에 업로드한 자신의 사진을 삭제할 것을 요청할 수 있다.

으며 우리는 지금의 우리로 성장했다. 2020년대의 아이들도 우리가 겪었던 것과 같은 시행착오를 겪고 있을 것이다. 다만 요즘 청소년들이 과거의 우리와 다른 점이 있다면, 온라인 공간에 모든 시행착오가 기록되고 영속적으로 남을 수 있는 환경에 살고 있다는 것이다.

아이들에게 공개적인 곳에서는 '새벽 감성 글'을 쓰면 안 된다는 이야기를 많이 들었다. 중학생 소리는 반 친구들과 선생님이 함께 있는 학급 단체 카톡방에 새벽마다 감상적인 글이나 사진을 올리는 친구를 두고 "새벽 감성에 젖으면 일기장에 글을 써야지 자꾸 단톡방에 글을 올리지 않았으면 좋겠다."라고 농담처럼 말했다. 고등학생 지민이도 같은 충고를 한다.

> 지민 인스타 하는 친구들은 특히 감성 글을 조심해야 돼요. 새벽에 감성에 휘말려서 인스타에 슬픈 얘기 올릴 거면 공개 계정이 아니라 다른 사람들이 못 보는 계정에 하라고 말해 주고 싶어요.

글을 올릴 당시에는 감성에 젖어 자신이 올리는 글이 아름다워 보일 수 있지만, 어느 날 돌아봤을 때 후회가 될 수 있기 때문이라고 아이들은 말한다. 하지만 온라인 세상에 청소년이 남기는 '남겨서는 안 될' 흔적들이 전부 새벽 감성 글처럼 겸연쩍은 웃음으로 넘길 수 있는 것은 아니다. 악플이나 온라인 괴롭힘 같은 폭력의 흔적이 아이들에게 남기도 한다.

어린이 청소년이 어렸을 때부터 자연스럽게 접하는 유튜브에도 흔적이 남는다. 대부분 청소년은 유튜브를 영상 보는 미디어로 활용하고 있지만, 초등학생 때 호기심으로 채널을 만들어 일상을 찍어 올렸던 경험은 어렵지 않게 들을 수 있다.

나　지후는 유튜브에 영상 찍어서 올려 본 적 있어요?

지후　초등학생 때 올렸었죠. WWE라고 친구랑 노는 영상 네 편 정도 올렸어요.

나　왜 더 안 올리고 네 편에서 끝냈어요?

지후　초기여서 유튜브가 뭔지 잘 몰랐는데…… 그걸로 놀림을 좀 많이 당해서요.

나　어떤 점에서 놀리던가요?

지후　장난으로 놀리긴 했는데, 초등학교 때 모습이라든지 그런 게 웃겼어요.

나 그렇구나. 아직 그 영상이 남아 있어요? 아니면 계정을 닫았어요?

지후 남아 있어요. 계정을 닫고 싶은데 그 채널을 만든 친구가 비번하고 아이디를 까먹었다고 해서 못 닫았어요.

지후처럼 영상을 찍어 채널에 올리다가 주변 친구들이 놀리거나 별 반응이 없거나 스스로 재미를 잃어 그만두는 아이들이 주변에 많다. 하지만 온라인 환경을 잘 이해하지 못하던 때에 만든 계정이라 개인 정보를 유실하는 경우가 많다. 그런 경우 아이들은 대체로 계정을 방치하다가 로그인할 수 없게 되어 영상을 삭제하지 못하고 계속 남겨 둔다.

자연스럽게 영상 올리는 것을 그만두게 된 지후와 달리, 초등학교 5학년 윤우는 저학년 때 유튜브에 영상을 만들어 올리다가 계정을 닫아 버렸다.

윤우 옛날에, 지금 말고 옛날에 2, 3학년 때, 그때는 편집을 못 하니까 목소리를 공개했는데 그때 악플 다는 사람들이 많았어요. 그래서 그때 잠시 유튜브를 그만뒀어요. 그때는 제가 유튜브를 잘 못 다

뒀는데 사람들이 악플을 다니까 신고할 줄도 모르고…… 그래서 그냥 유튜브를 안 한 적도 많아요. 이제는 편집을 좀 하게 돼서 목소리 공개 안 하니까 구독자 수도 좀 늘었어요.

윤우가 계정을 닫은 이유는 악플 때문이기도 하지만, 자신의 영상에 악플이 달리는 모습이 학급 친구들에게 전달된 탓도 컸다. 윤우는 유튜브를 시작하고 주변 친구들에게 구독해 달라고 부탁하면서 구독자 수를 쌓았는데, 당시 윤우의 채널을 구독하던 같은 반 친구들이 윤우의 영상에 악플이 달리는 것을 목격했고, 소문은 빠르게 퍼져 나갔다. 윤우는 온라인 평판이 오프라인까지 퍼져나가는 것을 경험하며 결국에는 유튜브 계정을 삭제했다. 윤우의 경우처럼 어린이 청소년이 온라인 세상에서 표현하고 경험하는 것들은 많은 경우 사회적 관계망을 타고 퍼져 나간다. 온라인에서의 평판 관리는 이렇게 어린이 청소년의 과제가 된다.

청소년들이 소셜 미디어에 계정을 만들고 적극적으로 이용하게 되는 주된 동기는 또래 친구들과 일상을 공유하기 위해서다. 중학교에 입학하고 인스타그램을 처음 사용하기 시작한 재인이도 마찬가지였다.

재인 인스타그램도 올해 사용하기 시작했는데 저희 반 지연이라는 친구가, 달고나 커피 아세요? 그거를 만들어서 자랑한다는 거예요.

나 인스타그램에요?

재인 네. 그래서 '그게 뭐지?' 하고 저도 설치해 봤어요.

나 그 이후에도 인스타그램을 계속 쓰나요?

재인 가끔 써요. 음식 만들다 태웠을 때 자랑하기도 하고, 예쁜 데 간 거 사진 찍어서 올리기도 하고 그래요.

나 인스타그램에서 서로 팔로우하는 친구는 학급 친구들이 많아요? 아니면 다른 사람들?

재인 반 친구가 많은 것 같아요. 중학교 들어와서 새로 사귄 애들.

관심사를 중심으로 소통하는 부계를 운영하는 아이들도 있지만, 대부분 청소년의 온라인 친구는 오프라인 친구들과 거의 일치한다. 이 점이 바로 아이들이 온라인에서 겪는 폭력과 위험이 오프라인까지 빠르게 확산되는 이유다. 아이들은 친구들과 학교나 학원에서 헤어져도 24시간 불이 켜져 있는 온라인 공간에서 언제든 만날 수 있다. 친구들이 내 기록을 보고 반응을 보이기를 기대하기도 하며, 나도 친구에게 언제든 반응을 보인다. 따로 약속을 잡지 않아도 만날 수 있어서 즐거웠던 공간이 순식간에 나를 평판 관리의 굴레로 밀어넣을 수 있는 것이다.

일상을 표현하고 그것을 친구들과 나누고 싶어 하는 청소년들의 자연스러운 욕구는 소셜 미디어라는 표현의 장을 만나면서 극대화된다. 하지만 아이들은 소셜 미디어에 한 번이라도 올렸던 게시물은 영구히 남는다는 것을 알게 되면서 점점 남겨도 되는 기록과 남기면 안 되는 기록을 구분하기 시작한다.

2019년에 만난 초등학교 6학년 정빈이는 싫어하는 친구가 있거나 누군가에게 안 좋은 말을 하고 싶은 마음이 들어도 직접 만나 말을 하는 것이 낫지, 절대 단톡방이나 온라인에 메시지를 남겨서는 안 된다고 말했다. 그러고는 부모님으로부터 단톡방에 나쁜 말을 남기면 학교 폭력으로 신고당할 수도 있으니 조심하라는 말을 들었다고 덧붙였다.

정빈이뿐 아니라 많은 아이들이 친구와 다투

는 과정이 온라인에 기록으로 남지 않도록 조심한다. 중학생 우리와 재인이는 화에 못 이겨 저격글을 남기면 나중에 자신의 평판에 악영향을 미칠 수 있다고 경고한다.

> **우리** 계속 저격글을 올리면 다른 사람들이 인간 관계가 안 좋은 사람이라고 볼 수 있으니까 쓰지 않는 게 좋겠다고 했어요.
>
> **재인** 저는 저격글을 쓰는 친구한테 마음 상한 것도 알고 삐진 것도 알겠지만 나중에 다 흑역사가 되니까 화해하라고…… 정말 화해하기 싫으면 그냥 글 지우고 상태 메시지에 사과하는 말을 쓰는 게 좋을 것 같다고 말하고 싶어요.

우리나 재인이는 저격글을 남기지 말아야 할 이유를 "나에게 흑역사가 되기 때문"이라고 말했다. 다른 사람을 공격하는 글이 상대에게 상처를 준다는 사실보다 온라인에 기록으로 남아 훗날 나에게 부메랑처럼 돌아올 위험을 걱정하는 것이다. 청소년은 평판을 관리하기 위해, 혹은 갈등이 해소되면 저격글을 삭제한다. 하지만 저격글을 삭제하더라도 저격글을 남겼다는 사실과 저격 상대와 갈등을 겪었다는 상황은 어딘가에 기록으로 남는 경우가 많다.

> **지민** 역으로 저격하는 일은 안 했으면 좋겠어요.
>
> **나** 그건 뭐예요?
>
> **하린** 얘가 절 저격하면 똑같이 저도 얘를 저격하는 거예요.
>
> **나** 그걸 왜 안 했으면 좋겠어요?
>
> **지민** 똑같은 사람이 되는 거고, 자기한테도 굉장히 흑역사거든요.
>
> **나** 그런 게 흑역사가 되나요? 기록으로 남나요?
>
> **서윤** 저는 지운다고 해도 그때 올렸던 걸 캡처해서 "야, 너 이랬어." 하면서 보여 주는 친구들도 있어요. 갤러리 정리를 잘 안 하는 친구들이요.
>
> **나** 그걸 친절하게 보내 주는 친구가 있어요?
>
> **하린** 저희 중학교는 아니었는데 제 친구 중학교에서 페이스북 페이지 '○○중 대신 전해드립니다'에서 그 상황을 실시간으로 공유해 줬어요. 올린 애도 공개 처형같이 되고, 피해 입은 친구도 이차로 저격된 느낌.

온라인에 업로드되었던 것들은 당사자의 양해

나 허락을 구하지 않고도 간편하게 저장할 수 있어 쉽게 옮겨지고 확산된다. 아이들은 다른 사람의 게시물을 캡처하면서 자신의 게시물도 전부 퍼질 수 있다는 점을 염두에 두며 온라인 활동을 스스로 제약하게 된다.

몰카 찍히는 것보단
불편한 게 낫다

온라인에서 있었던 일이 내가 생각하지 못한 곳까지 퍼져나가는 경우가 많다는 사실은 폭력적이다. 발 없는 말이 천 리 간다고는 하지만 온라인망을 타고 소문이 퍼지는 속도와 범위는 걷잡을 수 없기 때문에 특히 또래 집단의 영향을 많이 받는 아이들은 쉽게 무력감이나 공포를 느낄 수밖에 없다.

예전에도 옆 반에서 싸움이 나면 아이들은 우르르 몰려가 구경하고 친구들에게 소식을 전해 삽시간에 온 학교에 소문이 퍼지곤 했다. 요즘은 옆 반에서 싸움이 나면 아이들은 그 장면을 영상이나 사진으로 찍어 익명으로 페이스북 페이지에 제보하거나 친구들에게 메신저로 전달한다. 조금은 과장된 목격담을 이야기하고 듣는 이들도 쉽게 잊던 때와 달리, 이제는 아이들의 일상에 증거와 기록이 따라 다니게 되었다.

기록 수단이 될 수 있는 핸드폰을 항상 지니고 다니며 소셜 미디어에 24시간 접속할 수 있는 환경에서 자란다는 것은 모든 사람이 나를 기록하고 공유할 수 있는 감시 사회에 살고 있다는 말과 같다. 우리 사회는 이런 위험을 방관하고 있다.

예진 요즘엔 길거리에 지나가는 사람들이 신기한 행동을 하면 그냥 찍는 편이에요. 그걸 강하게 느낀 게 틱톡이에요.

하린 비공개 계정이기는 했는데요, 제 친구가 지하철에서 자기 앞에 있는 사람이 실수인지 플래시를 켜고 핸드폰을 썼는데 제 친구가 그 플래시를 직빵으로 맞고 있어서 그 상황이 웃기다고 인스타그램에 찍어서 올렸어요. 근데 뭐라 해야 되지…… '저것도 몰래 카메라인데……' 하는 생각이 들었어요. 개인마다 판단 기준이 다른 것 같아요.

예진이가 말한 것처럼 길을 가다가도 신기한 장면이 있으면 사진이나 영상을 찍어 다른 사람들과 공유하는 것은 일상이 되었다. 지상파 뉴스에서

도 시청자들에게 사건 사고 제보 영상을 받을 정도
가 되었으니 말이다. 이를 소소한 재미나 정보 공
유 차원으로 이해할 수도 있지만, 하린이가 느낀
불편함에 대해서도 생각해 볼 필요가 있다.

누군가의 경험이나 상황을 그저 사건으로 포
착하여 온라인에 공유하는 행동에 어떤 윤리적 판
단 기준이 개입되어야 할까? 나의 무방비한 모습이
기록되지 않을까 하는 걱정은 학교 같은 일상 공간
에서도 이어진다.

나 만약 여러분들이 이제 막 미디어를 접하기 시작
하는 중학교 1학년이나 초등학교 6학년 학생한테
한 가지씩만 조언을 한다면, 3~4년을 먼저 쓴 입장
에서 어떤 말을 해 주고 싶어요?

지후 엽사 만들지 말라고요. 엽사 찍히지 말라고.

민준 네. 사진 같은 거.

지후 무슨 일 생기면 "나 이거 뿌린다?" 이런 식으
로 장난처럼 협박해서 말도 못 하고 수긍한 적이 있
기 때문에 엽사가 제일 위험합니다.

나 그렇구나. 찍힌 엽사는 어떻게 해결해야 해요?

지후 똑같이 찍어서 "나도 네 엽사 있으니까 같이
뿌린다." 이런 식으로요.

남에게 보이고 싶지 않은 모습이 담긴 엽사를 퍼뜨리겠다는 식의 장난은 폭력으로 이어지기도 한다. 친구들 사이에서는 귀여운 장난으로 끝나지만, 뉴스 보도를 통해 보듯 학교 폭력의 중심에는 언제나 원치 않는 동영상 유포가 있다. 일방적으로 피해 아이의 옷을 벗겨 사진을 찍거나 스파링을 하자며 정당한 스포츠를 하는 척 폭력을 행사하는 영상을 찍어 놓고는 말을 듣지 않으면 부끄러워서 학교에 다니지 못하도록 사진과 영상을 유포하겠다며 협박한다. 매일 같은 또래 집단과 교류하며 인간 관계를 쌓는 아이들을 사회적으로 고립시킬 수 있는 가장 잔인한 방법이 매일 일상을 함께하는 손안의 스마트폰에 있는 것이다.

그렇다면 학교나 학원 등 일상에서 서로를 감시하고 있다는 느낌을 받을 때 아이들은 어떤 해결책을 떠올릴까? 스마트폰 사용을 금지하면 문제가 해결될까?

팬데믹 이전, 학교가 아이들 일상의 대부분을 차지하던 때에는 교내 핸드폰 소지가 큰 관심사였다. 2017년 11월에 교내 핸드폰 소지 전면 금지는 기본권 침해에 해당하기 때문에 관련 교칙을 개정하라는 인권위의 권고안 결과 발표 이후 학교마다 핸드폰 소지를 두고 찬반 투표가 이루어지기도 했다.

2018년에 중학생이었던 소민이는 앞으로 어떻게 될지 걱정이 된다며 차라리 교내에서 핸드폰을 금지했으면 좋겠다고 말했다. "학교에서 핸드폰을 쓰지 못하는 게 답답하고 불편할 수는 있지만, 언제 어디에서 몰카가 찍힐지 모르는 위험에서는 자유롭잖아요."라던 소민이의 대답은 어디에서든 렌즈를 들이댈 수 있는 상황에서 벗어나고 싶은 아이들의 마음을 대변한다. 이제 고등학생이 되었을 소민이가 지금은 어떤 입장일지 모르겠다. 다른 사람을 몰래 찍으면 안 된다는 인식이 널리 퍼지고 실질적인 제재가 충분히 이뤄지는 문화가 정착되었다면 핸드폰을 자유롭게 사용하고 싶어 할지도 모르겠다.

소민이 학교의 투표 결과가 50대 50이라는 소식을 전해 들었다. 학교마다 차이는 있겠지만, 나는 이 결과가 아이들의 온라인 생활에 대한 마음을 나타내는 지표라고 생각한다. 아이들은 온라인 세상에서 더 많은 것을 경험하고 새로운 생활 터전을 일구고 싶은 유혹에 사로잡히면서도 때로는 안전하지 않은 공간이라는 두려움에 얽매인다.

스스로를 지킬 수 있는
온라인 세상

아이들은 온라인에 노출된 자신의 모습을 통제하기 위해 시도한다. 나를 얼마나 공개할 것인지, 내 활동 흔적은 어느 정도로 남길지 늘 스스로를 검열한다. 부계를 적극적으로 활용하거나 익명성이 더 보장된다고 판단한 플랫폼에서만 오프라인 정체성에 얽매이지 않고 일탈적 표현을 한다거나 인스타그램 스토리처럼 한정된 시간 동안만 포스팅을 노출시킨다. 그럼에도 노력의 결과가 늘 긍정적이지만은 않다.

> 나 은서는 인스타그램에 포스트 많이 올려요?
>
> 은서 네.
>
> 나 공개 범위를 정해서 올려요? 아니면 그냥 다 볼 수 있게 올려요?
>
> 은서 비공개로요. 저의 일상을 많이 공유하고 싶은 거예요. 기억해 두고 싶은 것들 같은 거요. 그래서 주변 사람들만 봤으면 좋겠다 싶어서 그냥 비공개로 쭉 사용했어요.
>
> 나 앞으로도 계속 그럴 것 같아요?

은서 네.

자신의 흔적이 확산되는 것을 통제하기 위해
청소년들이 선택하는 대표적인 방법은 계정을 공
개된 것과 비공개하는 것으로 구분하여 운영하는
것이다. 그렇다면 청소년들이 바라는 대로 비공개
계정은 안전할까? 고등학생 예진이는 인스타그램
비공개 계정이 정말 비밀을 지킬 수 있는 공간이라
고 착각해서는 안 된다고 조언했다.

예진 저는 비계라고 해도 일기장처럼 쓰지 말라고
말해 주고 싶어요. 아무도 팔로잉하지 않고 팔로워
도 없고 자기 혼자 있는 경우가 아니면. 비계라고
해서 자기 혼자 있지는 않잖아요. 비계에 쓴 글도
다 떠돌아요. 그래서 비계로 연결된 사람이 아니라
도 나중에는 다 알아요.
지민 팔로워랑 팔로잉이 한 명이라도 있으면 그 사
람이 추천에 뜨니까.
하린 캡처하고 다시 돌고.
예진 비계를 하고 싶으면 그냥 일기장에 써라.

청소년들에게 비공개 계정은 자신을 받아들

여 준다고 믿는 사람들에게 자신의 많은 부분을 내보이는 공간이다. 신뢰를 기반으로 한 계정에서 한 이야기일지라도 누군가는 이를 캡처해서 다른 사람에게 보여 줄 수 있고, 친구 추천 알고리즘에 의해 원하지 않았던 사람이 친구 맺기를 요청하여 원래 의도만큼 자유롭게 이용하기 힘들어질 수도 있다. 소셜 미디어에 무언가를 기록하는 것은 언제든 불특정 다수에게 까발려질 수 있다는 것을 감수하는 일이다.

지민이는 가장 즐겨 이용하는 소셜 미디어로 트위터를 꼽았다. 트위터의 익명성에 기대어 하고 싶은 말을 주저 없이 할 수 있어 좋았는데, 지금은 그 익명성이 완전한 것인지 의구심을 느낀다고 했다.

지민 익명성이 있는 게 맞기는 한데…… 예전에 계정을 삭제했는데 포스팅은 안 지워지고 남아 있으니까…….

나 포스팅한 것을 삭제했는데 남아 있었어요?

하린 계정을 삭제해도 기록은 떠다니는 느낌?

지민 트위터는 SNS 중에서도 개인 정보가 많이 남는 곳이라는 생각을 했어요. 이전에 쓰다가 바꾼 트위터 아이디가 있는데 그걸 최근에 구글에 쳐 봤

거든요. 그랬더니 그 아이디로 제가 뭘 올렸었는지
가 다 나와요. 진짜 위험하다는 생각이 들었어요.

예진 페이스북에는 글을 안 적는 걸 추천해요. 페
이스북은 인스타보다 불특정 다수에게 공개되기가
훨씬 쉽고 진짜 빠르게 퍼져서 걷잡을 수 없을 정도
가 될 수도 있어요. 페이스북은 프로필만 들어가도
그 사람 신상 정보가 나와요. 전화번호만 검색해도
그 사람 프로필이 나오기도 하고요.

예진이는 페이스북에 가입하여 계정을 만들
때 기입했던 개인 정보 중 어디까지가 공개 대상인
지 모르고 한참을 사용했다며 자신의 계정을 방문
한 사람들에게 전화번호가 계속 공개되었던 상황
을 설명해 주었다.

지민이나 예진이처럼 삭제한 기록이 저장되어
남아 있거나 개인 정보가 계정과 연동되어 노출되
는 경험을 하다 보면 청소년들은 자신의 정보 통제
능력에 의문을 느끼고 좌절하게 된다. 개인을 식별
할 수 있는 정보를 온라인에 노출하지 않도록 주의
하라는 교육은 이런 현실 앞에 무력하다.

온라인에 남는 기록에 두려움을 느끼는 청소
년 중에는 소극적으로나마 소셜 미디어를 즐기는

아이들도 있지만, 성인이 되어 조금 더 자유롭게 자신을 표현할 수 있을 때까지 소셜 미디어 사용을 유예하는 아이들도 있다. 이렇게 온라인의 위험과 안전망의 부재는 사람들을 소외시킨다. 많은 아이들은 인플루언서가 되려는 목표를 가진 사람이 아니라면 온라인에서 자신을 최대한 감추는 것이 좋다고 말한다.

"표현을 최소한으로 줄이고 미뤄 두는 것이 좋다."라는 말처럼 아이들이 방어적인 태도만 가지는 것은 아니다. 아이들은 자신들이 합당하다고 느끼는 온라인 행동과 표현 규칙들을 만들어 나가는 중이다. 특히 코로나19로 인해 비대면으로 학습하고 교류하는 상황이 비약적으로 많아지면서 아이들은 온라인 교실 문화를 만들어 나가고 있다.

고등학생 인규는 줌 수업에서 있었던 일을 들려주었다. 수업 도중에 화면을 캡처하여 자신의 프로젝트 자료로 활용한 친구가 있었는데, 이를 계기로 동의 없이 사진을 찍는 것에 대한 논의가 시작됐다고 했다. 자신의 얼굴이 무방비로 캡처되어 자료로 활용된 것을 본 아이들이 불쾌감을 드러냈고, 동의 없이 촬영하고 유포하는 것은 불법 행위이자 범죄라는 인식을 공유하게 되었다고 한다.

이후 학급 친구들 사이에서는 다른 사람이 포함된 사진이나 캡처된 이미지를 공유할 때는 반드시 당사자의 허락을 받아야 하고, 허락하지 않은 친구의 얼굴은 식별할 수 없도록 모자이크나 블러 처리를 하거나 사진을 공유하지 않는 등 대안에 대한 합의가 도출되었다고 전해주었다. 아이들 스스로가 온라인에서 개인 정보를 어떻게 다뤄야 하는지에 대한 논의를 시작하고 합의를 도출해 내는 데 도달했다는 점은 미디어 리터러시 교육을 연구하는 내게도 소중한 경험으로 다가왔다. 문제가 생겼을 때 침묵하거나 편을 가르는 식으로 해결하지 않았다는 점이 희망을 가지게 했다.

당시 나는 유아 대상 미디어 교육 프로그램에도 참여하고 있었다. 2019년 놀이교육채널 플레이런TV에서 방영한 미디어 바로보기 프로젝트 「좋아요」를 방영했는데, 나는 아이들을 대상으로 미디어 리터러시 교육을 하는 장면을 보고 코멘트를 하는 전문가 패널로 방송에 참여했다.

유아를 대상으로 한 미디어 리터러시 교육이 부재한 상황에서 아이의 미디어에 대해 부모나 양육자가 어떻게 교육하고 이야기해야 하는지 알고 싶다는 요청이 많았다. 이에 아이들에게 사진을 찍을 때 초상권의 개념을 어떻게 알려 주어야 하는지, 정보는 어떻게 판별해야 하는지, 이모티콘 등 새로운 소통 환경에 어떻게 적용해야 하는지, 영상의 구성 요소를 알려 주고 비판적으로 읽는 능력을 키우기 위한 교육이 체험을 통해 이루어졌다.

실제 교육 현장을 통해 나는 아이들의 온라인 문화 형성 과정을 볼 수 있었다. 요즘 어린이들은 사진을 찍고 찍히는 것에 익숙해 대부분 초등학교에 입학하기 전에도 친구들의 사진을 찍고 같이 보는 것을 놀이로 인식한다. 중고등학생처럼 토론을 통해 함께 합의를 도출하는 경험은 할 수 없었지만, 친구의 사진을 찍고 싶을 때는 상대방의 의사를 먼저 확인해야 하고, 그 사진을 다른 친구에게 보여 주어도 괜찮은지도 허락받는 과정이 반드시 필요하다는 교육은 유아를 대상으로도 이루어졌다.

앞서 페이스북 사칭 계정에 피해를 입었던 예원이의 사례를 떠올려 보자. 학교 선생님의 적극적인 조치 덕에 최소한의 안전망은 구동되었지만, 아직 가해자가 누군지 특정하지 못했고 당연히 처벌도 하지 못했다. 이런 암담한 상황 속에서도 나는 예원이의 친구들과 학교 선생님의 대응을 보며 희망을 보았다. 예원이가 이야기를 시작하기 전, 아이들은 피해 사례를 이야기하다가 예원이가 다시 상처를 받지 않을지 걱정하며 예원이의 의지를 먼저 확인했다. 선생님도 도식적인 신고만 하고 사건을 무마하지 않고 예원이가 겪었을 심리적 충격을 돌보려 애썼으며, 학교 차원에서 적극적으로 도울 방법을 찾았다.

궁극적으로 위험 상황이 해소되지는 않았지만, 예원이는 이 사건을 겪으며 어른에게 도움을 요청해도 된다는 안도감과 위로를 얻었다. 단순히 '남들도 다 겪는 일'로 치부하지 않고 발벗고 나선 선생님에게 존경과 감사의 마음을 전한다.

여전히 미비한 제도 때문에 온라인에서 피해를 입고도 혼자 감내해야 했던 아이들을 생각하면 마음이 무너져 내린다. 하루빨리 유효한 안전망이 구축되어 아이들이 사회에 가질 원망과 불신이 사회적 차원에서 치유되기를 바란다.

온라인은 언제 어디서든 내 모습이 기록으로 저장되어 떠돌아다닐 수 있다는 위험과 세상의 사람들과 언제든 연결될 수 있는 즐거움이 공존하는 공간이다. 온라인의 어린이는 생산자이자 소비자, 향유자로 존재하며 온라인 세계를 탐험한다. 새로운 소식에 즐거워하고 예상하지 못한 유대감으로 감동받기도 하지만, 위험에 부딪혀 위축되거나 두려워하기도 한다. 그러나 아이들은 결코 멈추지 않는다. 안전한 공간을 만들기 위해 스스로 할 수 있는 일을 찾고 주위 친구와 어른에게 도움을 요청하고 규칙을 만들어 간다. 아이들은 이렇게 조금 더 신뢰할 수 있는 온라인 세상을 꿈꾼다.

빛나는 눈으로, 그리고 뚜렷한 목소리로 자신의 미
디어 경험을 나누어 준 어린이 청소년, 청년들에게
감사한다. 그들의 진중한 고민과 성찰, 온라인의
위험에 굴하지 않는 긍정적 에너지가 이 책의 핵심
이자 이 책을 쓸 수 있게 한 동력이다.

처음 만난 어른 연구자에게 인내하며 온라인
세상을 설명해 주고, 온라인 세상이 더 나은 방향
으로 변화할 수 있도록 함께 고민해 준 어린이, 청
소년, 청년들이 없었더라면 연구자로서의 나는 존
재하지 않았을 것이다. 책을 쓰기 위해 어린이 청
소년들이 나누어 준 이야기를 다시 꼼꼼히 읽으며
그들의 얼굴, 그들을 만났던 시간과 장소, 그때의
분위기가 생생하게 떠올랐다. 이 책에는 익명으로

표기된 그들이 여전히 안녕하기를, 일상을 그리고 온라인 세상을 안전하고 건강하게 영위하고 있기를 늘 진심으로 바란다.

이 책은 2000년대 초부터 지금까지 내가 책임을 맡아 진행한 연구들을 토대로 한다. 연구 프로젝트의 공동 연구진으로, 심의위원으로, 평가자로 혜안을 나누어 준 모든 분에게 감사드린다. 특히 경기도교육연구원 정책연구보고서를 작성하기 위해「중학생 미디어 문화와 미디어 리터러시 교육 방향 연구」를 함께한 김아람, 박유신, 이지선, 이혜정,「디지털 시민성 개념과 교육 방안 연구」를 함께한 양소은, 이윤주, 이지영, 주주자에게 감사와 존경의 마음을 보낸다. 함께 연구를 진행하면서 그들의 관점과 전문적 지식뿐 아니라, 연구 참여자에 대한 애정과 연구 윤리에 대한 세심한 고찰을 배웠다. 연구 프로젝트의 진행이 늘 쉽지만은 않지만, 공동 연구진과의 회의 시간은 늘 발견과 감동, 웃음과 지지가 가득한 즐거운 시간이었다. 세이브더칠드런에서 진행한「아동·청소년 디지털 플랫폼 경험 탐색연구」를 함께한 최홍록, 강미정에게도 감사드린다. 온라인 세상의 어두운 측면을 탐색하는 연구를 하면서 마음이 지쳐갈 때 연구를 계속 끌어

갈 힘을 주었고, 연구의 의미에 대한 확신을 주었다.

연구자로서 나를 있게 한 학문적 스승과 동지들에게 마음 깊은 유대감과 감사를 드린다. 지도교수인 데이비드 버킹엄이 1990년대 중반에 쓴 『문화연구 학교에 가다(Cultural Studies Goes to School)』(Routledge, 1994)는 내가 미디어 리터러시 교육과 아동 미디어 문화 연구 분야에 뛰어들게 한 책이다. 박사과정 동안 지도를 받으며 연구 참여자의 목소리를 존중하는 연구자의 태도, 아동이 자신의 목소리로 스스로 미디어 문화와 경험을 드러낼 수 있도록 돕는 연구의 방향성을 배우고 익혔다. 내가 박사 논문을 위해 수집했던 한국 중학생의 이야기를 읽으며 한국 중학생들이 보여 준 '힘들지만 해결할 수 있을 것'이라는 긍정의 힘에 주 지도교수인 데이비드 버킹엄과 부 지도교수인 앤드루 번이 감탄하고 주목했던 장면들이 기억에 남는다. 데이비드 버킹엄에게 먼저 사사한 선배 연구자이자 한국 미디어 리터러시 교육 정책을 열어가는 정현선에게도 감사드린다. 글로벌 협력과 동시에 한국의 문화적 맥락을 고려하는 미디어 리터러시 논의가 중요하다는 사실을 실천적으로 보여 주고 있다.

　　그동안의 연구 결과를 강의나 잡지 지면 등 여러 사람과 나눌 기회를 마련해 준 여러분들께도 진심으로 감사드린다. 도움을 준 모든 분을 호명하지는 못하지만 늘 감사한 마음을 가지고 있음을 알아주시길 바란다. 이런 나눔의 자리를 통해 더 많은 이야기를 듣고 아동의 온라인 세상에 대해 더욱 깊이 있게 고민할 수 있었다.

　　연구자로서는 나름의 경험을 쌓아 왔지만, 대중서를 쓰는 저자로는 첫걸음을 뗐다. 어설프기만 한 첫걸음을 도와준 모든 분께 감사 인사를 드린다. 이 책이 세상에 나올 수 있도록 전력을 다해 준 백지선 편집자에게 마음 깊이 감사드린다. 책의 주제와 내용에 대해 늘 애정 어린 코멘트를 주고, 함께 읽고 이야기할 수 있는 책의 모습이 어떠해야 하는지 길을 제시해 주었다. 백지선 편집자의 지치지 않는 노력과 응원이 아니었다면 책을 마무리할 수 없었을 것이다. 연구자의 건조한 습성이 남아 있는 글을 어떻게 하면 사람들에게 말을 거는 글로 바꿀 수 있는지 고민해 준 신새벽 편집자와 탐구 시리즈 편집진, 이미지와 색을 통해 책에 또 다른 의미를 부여해 준 미술부에도 감사 인사를 드린다.

　　탐구 시리즈의 첫 단추를 성공적으로 꿰어 준

동료 저자 박동수, 윤아랑, 임소연과 독회 세미나에서 영감을 준 이솔에도 감사드린다. 초고 단계에서 진행되었던 독회 세미나에서 오갔던 날카로운 비평과 따뜻한 응원은 앞으로도 오래 기억에 남을 것이다. 그리고 《한편》 2호 '인플루언서'를 통해 처음 만났을 때부터 나의 연구 주제가 대중과 소통 가능하며 사회적으로 의미 있다고 응원하고 믿어 준 이한솔 편집자에게도 마음 깊은 감사를 드린다.

이 책의 출발과 마무리는 가족의 응원이 없었다면 불가능했을 것이다. 마음 편히 집중해서 원고를 쓸 수 있도록 따뜻한 물리적, 심리적 공간을 기꺼이 제공해 준 동생에게 감사한다. 원고가 써지지 않아 벽에 부딪혔을 때 동생과 가진 산책 시간과 수다는 그 벽을 뛰어넘게 해 주었다. 끝으로 어린 시절부터 나를 인격적으로 존중하셔서 어른과 대화 나누는 즐거움을 알게 해 주신 부모님께 사랑과 감사를 드린다. 어린이의 끊임없는 질문을 하나도 놓치지 않고 진심으로 답하고, 어린이인 내 생각과 의견을 늘 물으며 대화를 청한 부모님의 모습은 지금 연구자인 내가 지향하는 이상향으로 마음속에 자리하고 있다.

참고 문헌

Cope, Bill, and Mary Kalantzis (eds.), *Multiliteracies: Literacy learning and the design of social futures*(Psychology Press, 2000).

Don Tapscott, *Growing Up Digital: The Rise of the Net Generation*(McGraw Hill, 1998).

Marc Prensky, *Don't bother me, Mom, I'm learning*!(St. Paul: Paragon house, 2006).

김아미, 『미디어 리터러시 교육의 이해』(커뮤니케이션북스, 2015).

김윤정(글), EBS「당신의 문해력」제작팀(기획), 『EBS 당신의 문해력』(EBS BOOKS, 2021).

김학준, 『보통 일베들의 시대』(오월의봄, 2022).

그레천 매컬러, 강동혁 옮김, 『인터넷 때문에』(어크로스, 2022).

멘탈헬스코리아 피어 스페셜리스트 팀, 『우리의 상처는 솔직하다』(마음의숲, 2021).

박수진·조을선·장선이·신정은, 『기자들, 유튜브에 뛰어들다』
(인물과사상사, 2022).

앤젤라 네이글, 김내훈 옮김, 『인싸를 죽여라』(오월의 봄, 2022).

조너선 하이트·그레그 루키아노프, 왕수민 옮김, 『나쁜 교육』
(프시케의숲, 2019).

한스 게오로크 묄러·폴 J. 담브로시오, 김한슬기 옮김, 『프로필
사회』(생각이음, 2022).

Anne Helmond, "The Platformization of the Web: Making
data platform ready," *Social Media + Society* Vol.1
no.2(2015).

Pablo J. Boczkowski, Mora Matassi, & Eugenia Mitchel-
stein, "How Young Users Deal With Multiple Plat-
forms: The role of meaning-making in social media
repertoires," *Journal of Computer-mediated Communi-
cation* Vol.23(2018).

Tama Leaver, "Born Digital? Presence, Privacy, and In-
timate Surveillance," John Hartley & W. Qu(eds.)
*Re-Orientation: Translingual Transcultural Trans-
media. Studies in narrative, language, identity, and
knowledge*(Fudan University Press, 2015).

Stine Eckert, "Fighting for recognition: Online abuse of
women bloggers in Germany, Switzerland, the United
Kingdom, and the United States," *New media & Soci-
ety* Vol.20(2018).

BBC, 「코로나19: 가짜뉴스를 퍼트리지 않는 7가지 방법」,

《BBC코리아》 2020년 3월 28일.

김봉섭, 「부모 통제, 학교 관여, 교우 관계가 청소년 사이버폭력 가해 경험에 미치는 영향 연구: 사이버폭력에 대한 태도의 매개 효과」, 《한국헬스커뮤니케이션연구》 제21권 1호(2022).

김아미, 「미디어 속에서 어린이의 권리 지키기」, 『아이를 학대하는 사회, 존중하는 사회』(민들레, 2022).

_____, 「미디어와 어린이·청소년 학습자, 교육은 무엇을 고민해야 하는가?」, 《오늘의 교육》 62호(교육공동체벗, 2021).

_____, 「어린이의 유튜브 경험」, 《한편》 2호 '인플루언서'(민음사, 2020).

김아미·김아람, 「Z세대는 연예인 학교폭력 이슈를 어떻게 인식하고 소비하는가」(경기도교육연구원, 2019).

김진영·이덕희, 「중학생의 학교폭력 가해경험과 피해경험이 사이버불링 가해경험과 피해경험에 미치는 영향」, 《학습자중심교과교육연구》 21호(2021).

박유신, 「당신을 위한 문해력」, 《한편》 6호 '권위'(민음사, 2021).

백욱인, 「플랫폼」, 『20개의 핵심 개념으로 읽는 디지털 기술사회』(사회평론아카데미, 2022).

심윤지, 「성인용품가게 대표도 "리얼돌, 못 여성들에겐 공포"」, 《경향신문》 2019년 8월 9일.

윤예원, 「사이버 학폭 온상 '에스크'를 아십니까」, 《조선일보》, 2022년 6월 7일.

이승현·강지현·이원상, 「청소년 사이버폭력의 유형 분석 및 대응 방안 연구」, 《형사정책연구원》(2015년).

채지선, 「이름·번호 바꾸며 삶에 의지 드러냈는데⋯⋯ 가해자 선고 직전 극단 선택」, 《한국일보》, 2021년 2월 1일.

한유경·송애리·박주형·김지언·오은혜, 「코로나19 이후 학교 폭력 양상 및 대응에 대한 교원의 인식」, 《교육발전》42호 (2022).

「2021 사이버 폭력 실태 조사 결과 보고서」(방송통신위원회, 한국지능정보사회진흥원, 2021).

**온라인의
우리 아이들**

미디어 환경 탐구

1판 1쇄 펴냄 2022년 12월 9일
1판 2쇄 펴냄 2023년 6월 20일

지은이 김아미
발행인 박근섭, 박상준
펴낸곳 ㈜민음사

출판등록 1966. 5. 19. (제 16-490호)
서울특별시 강남구 도산대로1길 62(신사동)
강남출판문화센터 5층(우편번호 06027)
대표전화 02-515-2000
팩시밀리 02-515-2007
www.minumsa.com

ⓒ 김아미, 2022. Printed in Seoul, Korea

978-89-374-9205-1 04300
978-89-374-9200-6 세트

■ 잘못 만들어진 책은 구입처에서 교환해 드립니다. ■